DE LA

POLITIQUE GÉNÉRALE

ET DU

ROLE DE LA FRANCE

EN EUROPE

SUIVI D'UNE

APPRÉCIATION

DE LA MARCHE DU GOUVERNEMENT

DEPUIS JUILLET 1830

PAR

VICTOR CONSIDERANT.

Si vis pacem, para pacem.

PARIS

AU BUREAU DE LA PHALANGE,

RUE JACOB, Nº 54,

ET CHEZ PERROTIN, LIBRAIRE,

RUE DES FILLES-SAINT-THOMAS, 1.

1840

PARIS. IMPRIMERIE DE E. DUVERGER,
Rue de Verneuil, n° 4.

TABLE DES MATIÈRES.

TROISIÈME PARTIE.

CONFIRMATION ET DÉVELOPPEMENTS.

AVERTISSEMENT.

J'adresse cet Écrit aux hommes dont le souci le plus grave est l'intérêt du Pays et de l'Humanité.

Ceux qui croient que l'Esprit de Suite et la connaissance d'un But ne sont pas de trop en Politique; ceux qui pensent que l'Intelligence et la Volonté d'un grand Peuple ne doivent pas abdiquer au profit d'une sorte d'instinct obscur qui ne sait ni où il va ni où il faut aller; ceux qui sentent que le morcellement, l'extrême incohérence des idées et le triomphe de la Médiocrité paralysent la France et la feraient bientôt déchoir du rang de Puissance du premier ordre; ceux-là peuvent lire cet écrit; je le leur présente avec confiance: s'ils y prêtent l'attention que de pareils sujets réclament, je me tiens pour assuré de leur sympathie.

L'histoire et les faits sont les véritables auteurs du Système que j'expose et que je ne crée pas; aussi regardé-je son avenir comme assuré. Néanmoins, une intelligente Volonté hâte le Bien, comme la folie et l'apathie y opposent trop souvent de douloureux et de longs retards.

La Politique formulée dans cet Écrit peut être indistinctement acceptée par les hommes sincères de tous les Partis; car elle est française: et par les hommes sensés de la chrétienté de toutes les nations; car avant d'être française elle est juste et humaine.

Lorsque, aux dernières Élections, j'eus l'honneur de solliciter les suffrages de MM. les Électeurs du Collège de Montbelliard, une objection me fut faite avec bonne foi : on semblait craindre que des Doctrines, dont le propre est d'embrasser dans leurs vœux et dans leurs espérances l'Humanité tout entière, ne fussent entrées dans mon cœur qu'aux dépens du Patriotisme.

J'ose espérer que le présent Écrit servira de réponse à cette objection. On peut sans doute porter moins haut que je ne le fais le culte de l'Humanité : je n'admets pas que l'on puisse porter plus haut celui de la France. Tout en doutant donc que j'eusse pu obtenir à la Chambre quelque fortune aux idées que je développe ici, on reconnaîtra que, le cas échéant, ce n'eût pas été au dommage de mon Pays.

Au moment où j'écris cet Avertissement, le tour que semblent prendre les affaires d'Orient légitime suffisamment les critiques et les appréhensions que l'on rencontrera dans le courant de cette brochure ; mais le Gouvernement paraît avoir pris avec énergie un bon parti, et, malgré la solitude où nous a réduits la Politique de l'Alliance anglaise, la France n'est point encore tellement amoindrie que la Russie et l'Angleterre puissent oublier qu'elle existe.

Je ne dois pas quitter la plume sans demander pardon au lecteur pour deux ou trois néologismes et pour quelques formes insolites, qui pourront le choquer de prime abord, mais avec lesquels il ne tardera pas à se familiariser et dont il arrivera peut-être à reconnaître l'utilité.

V. CONSIDERANT.

DE LA
POLITIQUE GÉNÉRALE
ET DU
ROLE DE LA FRANCE EN EUROPE.

———————⊶⊷———————

PREMIÈRE PARTIE.

EXPOSITION DU SYSTÈME DE GRANDE POLITIQUE QUI
CONVIENT A LA FRANCE;
APPLICATION A LA QUESTION D'ORIENT.

———————

CHAPITRE UNIQUE.

I.

La Méditerranée est le centre du monde, et sur l'empla-
cement de Constantinople s'élèvera un jour la Capitale du
globe.

De ce que Constantinople réunit tous les caractères propres au Chef-Lieu de l'Unité sociale, au siège du Gouver-

1

nement de la famille humaine, il en résulte *à priori* que Constantinople, jusqu'à l'établissement de l'Unité des nations, doit être tenue hors d'emploi et *neutralisée.*

N'est-il pas évident qu'une Puissance du premier ordre ne peut pas avoir en sa bonne et forte possession Constantinople sans méditer la conquête du Monde et sans y mar-
cher tôt ou tard?

Constantinople tend au commandement; elle est née Ville Souveraine. Quand l'Humanité sera constituée dans sa grande Unité pacifique et industrieuse, Constantinople portera la couronne *omniarchale*, du consentement de toutes les Nations, qui en feront leur Centre de relations, de mouvement administratif et industriel, leur Centre de vie et de direction. C'est parce que telle est sa destinée que Constantinople nourrit en son sein une ambition suprême. Elle a le senti-
ment du rang qu'elle doit tenir un jour, et d'ailleurs elle ne saurait oublier que Rome, maîtresse du monde, est ve-
nue déposer sur son berceau la couronne impériale, et que les Turcs, après avoir chassé de ses murs les Grecs dégéné-
rés du Bas-Empire, ont failli engloutir la Chrétienté et maî-
triser l'Europe.

Au reste, si l'on doute que Constantinople soit vraiment le point capital du globe, le lieu marqué pour le siége du Gouvernement unitaire, que l'on jette les yeux sur la carte.

Assise sur les deux rives du Bosphore (car Scutari est son faubourg ou sa tête de pont en Asie), Constantinople est au Centre des trois divisions de l'Ancien Monde. Elle voit se déployer à ses pieds le plus beau port et les plus beaux mouillages de la terre, et, par une faveur toute spéciale dans les mers intérieures, ce port est constamment lavé par des courants d'eau salée. La ville possède d'ailleurs des eaux douces et des sources vives en grande abondance.

Par la Méditerranée Constantinople est en communica-
tion immédiate avec les côtes de l'Asie-Mineure, de l'Afrique septentrionale, et avec le magnifique développement du lit-

toral méridional de l'Europe ; par la mer Noire, la mer
d'Asof et leurs affluents le Danube, le Dniester, le Bug, le
Dnieper, le Don, etc., Constantinople plonge dans toutes les
régions du cœur de l'Europe : les grandes communications
à établir entre la mer Noire, la mer Caspienne et le lac
Aral lui rattacheront le cours du Volga et de ses affluents,
c'est-à-dire la grande frontière Est de l'Europe, et lui ou-
vriront l'Ouest de l'Asie par le centre. D'ailleurs le Tigre
et l'Euphrate, prenant naissance non loin de la mer Noire,
relient Constantinople au golfe Persique, comme les travaux
de l'isthme de Suez la rattacheront à la mer Rouge.

Ainsi Constantinople, ville continentale, un pied en Europe, l'autre en Asie, s'élève au Centre de la mer centrale
(car il faut regarder la Méditerranée comme s'étendant jusqu'au lac Aral), au Centre de la mer qui occupe elle-même le
Centre des grandes terres et des grandes mers, et qui pé-
nètre par les grands fleuves dans l'intérieur des trois Parties de l'Ancien Monde.

C'est en vain que l'on chercherait sous une aussi belle la-
titude, dans un site aussi splendide que les rives du Bosphore, un Point doté par la nature avec autant de munifi-
cence.—Faites comparaître devant Constantinople toutes les
Capitales des nations, et malgré la splendeur de celles-ci et
l'obscurité relative de celle-là, vous entendrez toutes les Capitales saluer en chœur Constantinople comme leur future
Souveraine. Oui, le siège de l'Empire Universel est à Constantinople ; la Russie le sait bien, les hommes intelligents
de tous les pays le comprennent, et les peuples en ont l'instinct.

II.

Depuis deux cents ans la Russie convoite le Bosphore. Si
la Russie s'empare un jour de cette proie, la voilà forcée
par la nature même des choses à faire de Constantinople sa

propre Capitale, et bientôt, par suite, à étendre sa domination sur l'Asie, puis sur la Méditerranée, et sur les parties orientales de l'Europe et de l'Afrique. La conquête de Constantinople est maintenant le But d'activité de la Russie; maîtresse de Constantinople son But est la conquête du Monde.

S'il fallait nécessairement, pour établir l'Unité administrative des Nations, passer par la domination d'une Puissance conquérante, nous regarderions la Russie comme prédestinée à l'accomplissement de ce grand BUT; nous prêcherions le sacrifice de l'orgueil national à un besoin supérieur de l'Humanité, et nous hâterions de nos vœux le moment où la Russie serait en état de mettre la main sur Constantinople et de poser ainsi sur la terre un Centre d'Unité sociale autour duquel les Peuples seraient appelés à s'unir de gré ou de force.

Mais la résistance naturelle que toutes les Nations éprouvent à l'idée de subir une domination semblable atteste assez que, si l'*Unité est la Destinée de la famille humaine*, il est pour y parvenir d'autres voies que celles de la violence.

Les Nations doivent donc être généralement disposées à faire obstacle au mouvement qui porte la Russie vers le Bosphore; et la France et l'Angleterre pourraient marcher ensemble en tête de la ligue.

Cependant, les Puissances n'ont pas toutes le même intérêt à éloigner la Russie de Constantinople, car elles ne sont pas toutes menacées au même degré par cet envahissement.

Des conquêtes immédiates étant plus faciles du côté de l'Orient que du côté de l'Occident, et la Russie maîtresse de Constantinople devant d'abord, pour s'équilibrer et se pivoter sur sa nouvelle Capitale, s'étendre vers l'Est et le Sud-Est, les Indes anglaises sont les contrées le plus immédiatement menacées. Il est certain que la Russie devrait s'être assuré la possession de l'Asie occidentale avant de songer à se retourner vers l'Europe; et elle n'a qu'une Puissance à abattre en Asie, celle de l'Angleterre; — car elle prendra quand elle le voudra la Chine avec vingt-cinq mille hommes.

Si l'on observe maintenant que, malgré tout ce qu'il y a d'imposant et de formidable dans le développement de la Géante du Nord, *bien des choses prévues ou imprévues pourraient arriver* avant qu'elle fût en mesure d'étendre la main sur l'Europe, on admettra qu'il n'y aurait rien de bien déraisonnable à ce que la France fît avec la Russie une Alliance dont le But serait de partager entre elles, sur les ruines de l'Angleterre, la suprématie du monde.

Ainsi, dans cette hypothèse, la France et la Russie traiteraient comme prenant pour tâche, en se prêtant secours mutuel : la Russie, de conquérir, d'industrialiser et de civiliser l'Asie en constituant l'Unité orientale; la France, de marcher à la tête de la Civilisation occidentale et d'en réunir les faisceaux en un seul Empire.

Dans la grande partie engagée sur l'Ancien Monde, la France peut donc choisir définitivement entre deux coups : combattre décidément, avec l'Angleterre et avec quelques Puissances entraînées dans la ligue, l'agrandissement de la Russie en Orient; ou laisser ouverte à la Russie la route de l'Orient, à la condition de fonder sur l'Alliance avec celle-ci et sur la ruine de l'Angleterre sa prépondérance souveraine en Occident.

La France peut jouer l'un ou l'autre de ces deux coups, et chacune des deux autres Puissances a le plus grand intérêt à ce que la France ne *s'engage pas résolument et fortement* avec son ennemie.

III.

Quel est donc, en présence de ces faits, la vraie position, le vrai rôle de la France ? Lequel de ces deux grands coups doit-elle jouer?

Aucun. Elle doit les tenir ferme l'un et l'autre dans la main, et faire comprendre qu'elle est toujours prête à ouvrir cette main comme il lui conviendra.

La France ne doit être ni russe ni anglaise. Puissance INTERMÉDIAIRE et ARBITRALE, elle ne doit *s'allier* qu'avec les Puissances qui redoutent l'Angleterre ou la Russie, et à leur tête tenir l'axe de la balance. Voilà quelle doit être son ATTITUDE ; nous dirons tout à l'heure quel doit être son BUT.

IV.

La Russie a un But qu'elle poursuit lentement sous tous ses Empereurs, à travers tous ses Cabinets, et c'est là ce qui constitue sa Politique fondamentale et traditionnelle, c'est ce qui fait qu'il existe une *Politique russe*. — Ce But, c'est l'ENVAHISSEMENT DU CONTINENT. Chaque Souverain, telle est la règle de la tradition, doit ajouter et ajoute au moins une Province à la Russie, et chaque règne pousse plus avant les tranchées russes autour de Constantinople.

De même, l'Angleterre possède une Politique fondamentale, traditionnelle, *anglaise*, c'est à-dire qu'elle a un But déterminé, persistant, qui dirige tous ses Cabinets, c'est la DOMINATION DES MERS.

Le terme auquel arriverait un jour la Russie, si rien ne l'arrêtait dans sa marche, serait l'Empire universel et par conséquent l'Unité des Nations, *terme humain et glorieux*.

Le terme auquel arriverait l'Angleterre serait l'Exploitation universelle des Nations, qu'elle tiendrait dans le plus grand état de division possible; *terme inhumain et odieux.*

On peut éprouver plus ou moins de sympathie ou d'aversion pour l'une ou l'autre de ces deux Politiques; mais il faut reconnaître qu'elles résultent de la nature même des choses. En effet, toute Puissance qui peut grandir tend à grandir. Or la Russie, Puissance du premier ordre, pleine de sève, marchant à pas de géant dans la carrière de la Civilisation, s'appuyant contre le pôle, s'étendant de l'extrémité de l'Europe à l'extrémité de l'Asie et tournant déjà le point capital et central de Constantinople; la Russie, qui sent ce qu'il y a de formidable dans sa position, qui n'a devant elle que des terres morcelées et des peuples divisés, et qui comprend la force du principe qui la gouverne; la Russie peut se considérer comme l'instrument destiné à réunir un jour toutes ces fractions dans un même entier; l'Ambition la conduit à l'Unité; rien n'est plus naturel; aussi envahit-elle sans cesse en civilisant et *unitarisant* peu à peu ce qu'elle envahit.

D'un autre côté l'Angleterre, Puissance maritime et commerciale, entièrement *isolée* des autres peuples et qui n'a pas songé à les *conquérir*, a dû viser à les *exploiter*. Elle n'a jamais eu, elle n'a pas, elle n'aura sans doute pas d'autre But; et aussi longtemps que l'Angleterre restera une Puissance du premier ordre elle aura toujours une vie absolument séparée de la vie des autres nations, elle jalousera toujours leurs progrès, elle aspirera toujours à les affaiblir, pour les exploiter et pour maintenir son Monopole maritime. Il est évident que l'Angleterre étant une grande boutique établie dans une grande île, ne peut vivre que d'une vie personnelle, égoïste, et que son But naturel ne peut être que de tout rapporter non à son agrandissement mais à son profit, de vendre le plus possible sur le plus grand nombre de marchés possible, et pour cela de prévenir ou de détruire toute concurrence redoutable, de diviser les Nations, de s'emparer militairement de tous les passages, de toutes les routes, de tous les points dont la possession est nécessaire au maintien et au développement de son Monopole maritime et industriel.

Le rôle de l'Angleterre n'est et ne peut être que le rôle d'un Vampire social.

D'où il résulte qu'en bonne Politique aucune Nation ne doit s'allier avec l'Angleterre autrement que pour atteindre un But *momentané* et *transitoire*, ét que toute Alliance *systématique* avec cette Puissance ne peut être qu'un contrat de dupe, un sot système.

V.

Nous venons de montrer que l'Angleterre et que la Russie ont chacune un But indiqué par la nature des choses, qu'il existe dans ces deux pays une Politique traditionnelle, nécessaire, déterminée, constante, parce qu'il existe dans ces deux pays un But national, déterminé, constant, dont les Cabinets successifs de ces deux Etats poursuivent continuellement l'accomplissement.

Voyons-nous quelque chose d'analogue en France?

Hélas non! nos Cabinets manœuvrent sans boussole sur une mer incertaine, et la Nation ne sait pas plus que ses différents Gouvernements vers quel But déterminé il convient de manœuvrer. Demandez, interrogez, informez-vous; chacun vous dira en quoi consiste la Politique russe et la définira par son But constant d'activité; chacun vous dira aussi ce qu'est la Politique anglaise et quel en est le principe et l'objet constant : quant à la Politique *française*, toutes les réponses divergeront et se noieront misérablement dans les choses de l'actualité; on perorera sur l'Alliance russe, sur l'Alliance anglaise, sur la Turquie, sur l'Egypte, on émettra des vues de détail plus ou moins absurdes, plus ou moins ingénieuses, mais on ne vous dira pas, en vous présentant un But supérieur et ultérieur, compris et voulu par la Nation : Voici ce qui constitue la *Politique française.*

Que cette incertitude sur son But d'activité, ce défaut de Politique fixe, les variations, les oscillations et les tergiversations qui en résultent soient un malheur pour la France, c'est ce que l'on ne saurait mettre en doute. On peut affirmer que si un pareil état se prolongeait, la France ne pourrait manquer de descendre la pente sur laquelle, il faut le dire, elle a déjà glissé...

La France n'aurait-elle donc pas de rôle déterminé à jouer? n'aurait-elle aucun But supérieur à accomplir dans le Monde? Ou bien est-ce seulement la connaissance, la conscience réfléchie de ce But qui lui manquent?

Loin d'être privée d'une mission propre, en harmonie avec sa position et son caractère, tirée en un mot de la nature des choses, et qui lui permette de constituer sa Politique sur une base fixe, la France a devant elle une tâche immensément belle à remplir. Cette tâche même est telle que si la Nation la comprenait clairement, la prenait sérieusement à cœur et en poursuivait résolument l'exécution, elle triompherait sans aucun doute de la Politique des deux autres Puissances. Expliquons-nous en peu de mots.

VI.

L'UNITÉ DES NATIONS est l'expression d'un besoin supérieur de l'Humanité, d'un But auquel elle a toujours tendu, auquel elle tend et tendra jusqu'à ce qu'il soit atteint par des voies quelconques.

L'Angleterre, séparée de toutes les Nations, vivant d'une vie égoïste par excellence, loin de désirer cette Unité, ne désire que d'unitariser son exploitation sur des nations divisées entre elles. Une semblable Politique, fondée sur le

contraire absolu de la Destinée de l'Humanité, doit nécessairement succomber tôt ou tard. La Providence ne peut
pas être vaincue par l'Angleterre. Aussi est-il facile de voir
que la fortune de l'Angleterre, échafaudée sur cette base
fausse, chancelle déjà et menace ruine.—C'est justice, puisque le But d'activité politique de cette Puissance est absolument illégitime.

La Russie tend à l'Unité, mais par la domination. Le
terme auquel arriverait la Russie est excellent, — la voie
est mauvaise. Aussi la Russie, qui n'a longtemps excité que
des sympathies chez les Nations civilisées tant qu'elle ne
faisait qu'envahir et policer des Sauvages et des Barbares,
la Russie excite aujourd'hui les craintes de ces Nations civilisées qui se voient menacées d'envahissement à leur tour.
Cette répulsion est juste, puisque la Politique russe, bien
que légitime dans son terme, est illégitime dans ses moyens.

En face de ces deux Politiques, dont l'une vise à l'Unité
administrative par la voie de l'envahissement, et l'autre à
l'*unité* mercantile d'une exploitation qui suppose la faiblesse
et la division des Nations exploitées ; en face de ces deux Politiques, toutes deux grandes et hardies, l'une égoïste, l'autre
ambitieuse, quelle doit être la pensée, le But, la Politique
de la France?

La France doit prendre pour But d'activité l'*établissement
de l'Unité des Nations, non dans une simple vue d'Ambition,
mais dans une haute vue de Bien général et d'Humanité*, et
elle doit marcher à la réalisation de ce But, non pas en
subjuguant les Nations, mais en *organisant leur Association*.

Telle est, suivant nous, la formule qui doit être acceptée
comme l'expression fondamentale et la règle souveraine de
la Politique française.

Cette Politique, *absolument légitime*, est indiquée par la
nature même des choses comme devant être celle de la
France ; car la France, Puissance du premier ordre, intermédiaire, centrale, à la fois maritime et continentale, est

évidemment placée pour remplir aujourd'hui le rôle d'Arbitre en Europe. Le But que nous indiquons ne convient pas seulement d'ailleurs à la position politique et géographique de la France, il est encore en parfaite harmonie avec son caractère et avec ses nobles antécédents. Cette Politique glorieuse est donc fondée en France sur la nature même des choses.

VII.

Si l'on croyait, maintenant, détruire la valeur de la Politique dont nous venons de présenter la formule, en lui donnant le nom de *Politique sentimentale*, Politique de *rêveurs* et d'*utopistes*, nous nous permettrions de faire observer aux hommes *positifs* qui parleraient ainsi, que pour avoir un But grandiose, chrétien, humanitaire (c'est le mot), cette Politique n'en est pas moins celle qui servirait le plus *positivement* les intérêts les plus *positifs* de la France ; nous oserions même mettre au défi ces hommes prétendus *positifs* de formuler un Système (aussi étroit qu'ils le voulussent) qui fût autant que celui-ci favorable à la puissance et à la prépondérance de la France.

Il nous paraît évident, en effet, que du jour où il serait bien entendu en Europe que la France sait ce qu'elle veut, qu'elle ne veut être ni russe ni anglaise, qu'elle prétend non pas se renfermer dans une honteuse *Neutralité passive*, mais exercer une *Neutralité active* et *arbitrale* dans l'INTÉRÊT COMMUN DES NATIONS ET DE LA PAIX EUROPÉENNE, qu'elle se tient prête à toujours opposer les prétentions continentales de la Russie aux prétentions maritimes de l'Angleterre et réciproquement ; il nous paraît, disons-nous, que du jour où la France aurait bien décidément pris cette position, cette attitude et revêtu ce caractère, du jour où cette Politique serait entrée dans la volonté, dans la *passion* nationale, dès ce jour la France exercerait, par le fait, un Haut Protectorat en Europe, et se trouverait naturellement et du gré de celles-ci à la tête de toutes les Puissances intermédiaires.

Toutes ces Puissances ont intérêt à la Paix ; toutes souffrent ou sont destinées à souffrir du Monopole et de l'égoïsme anglais ; toutes redoutent la Domination ultérieure de la Russie.—Le sentiment de leur intérêt, de leur salut les porterait donc à se serrer autour de la France et à augmenter la puissance de ce grand centre de protection et d'équilibre.

Ainsi cette Politique (qui est conforme aux instincts généreux de la Nation, quoiqu'elle ne soit pas encore nettement établie dans sa conscience et clairement formulée dans sa volonté), cette Politique amènerait d'autant plus généralement ce mouvement de Convergence et d'Association des Nations intermédiaires sous le patronage de la France, et le lien serait d'autant plus sûr et d'autant plus solide que ces Nations auraient plus de confiance dans la loyauté de la France, dans la sincérité de sa pensée. De sorte que plus fortement la France aurait pris à cœur son grand But social, plus elle y mettrait de vraie générosité, plus les Nations dont elle serait l'appui et l'espoir la voudraient voir forte et puissante.

Si notre hypothèse devenait, dans toute sa force, un fait, il est facile de comprendre que la France ne tarderait pas, si elle y tenait, à retrouver, du plein gré de l'Autriche et de la Prusse, les frontières des Alpes et du Rhin : Et qu'importerait d'ailleurs que la Savoie, les Provinces du Rhin et la Belgique s'appelassent France, quand ces pays seraient ouverts et dévoués à la France comme la France leur serait ouverte et dévouée à eux-mêmes ?

Ainsi la Politique que nous signalons, pour être conforme aux intérêts généraux de la Paix et de l'Humanité, n'en est pas moins la Politique des Intérêts particuliers de la France.

Quant à la réalisation de cette idée, qui peut bien ne paraître à certains esprits qu'une vaine utopie, nous n'y connaissons qu'une seule condition sérieuse, c'est que la

Nation française *comprenne cette idée, la sente, la veuille et l'épouse à la face du Monde.*

Que le lecteur consente à méditer sur les questions suivantes et à y répondre :

La Russie a-t-elle une Politique suivie, traditionnelle, impériale, un But déterminé et qui règle la conduite de tous ses Cabinets ?

L'Angleterre a-t-elle une Politique suivie, traditionnelle, nationale, un But déterminé et qui règle la conduite de tous ses Cabinets ?

Quel est l'avenir que réservent au Monde le développement et le choc de ces deux Politiques ?

En face de ces deux Politiques fixes, et de l'avenir que leur développement prépare, *est-il bon* que la France n'ait pas de Politique, pas de pensée nationale, pas de volonté, pas de But persistant, et qu'elle oscille, passive et incertaine, au gré des évènements et des choses, entre deux Puissances qui vont chacune leur chemin avec une persévérance séculaire ?

S'il faut que la France ait une Politique *nationale,* définie par un But fixe, dominant les actes de tous ses Cabinets, est-il bon que ce But soit supérieur à celui de l'Angleterre et à celui de la Russie, plus juste, plus légitime et plus réalisable que chacun d'eux ?

Quels obstacles sérieux s'opposeraient à la réalisation de la Politique que nous avons indiquée ?

Enfin, quel Système serait plus logique, plus sage, plus noble que celui-ci, et mieux dans les intérêts de la France ?

VIII.

Il n'y a en réalité, nous le pensons, que deux Systèmes de *grande Politique* pour la France, celui que nous proposons, et que nous croyons de mille fois le meilleur, — ou

bien l'*Alliance russe* en vue des conséquences signalées ci-dessus (paragraphe II.) — Quant à l'*Alliance anglaise*, considérée *systématiquement* et comme base fixe de
Politique extérieure pour la France, il nous semble que ses
partisans, s'il en existe, peuvent être appelés de véritables
aveugles.

IX.

Appliquons maintenant la Politique générale que nous
venons de formuler à la question d'Orient telle qu'elle est
aujourd'hui posée (et telle qu'elle pourra bien rester encore
posée après le prochain arrangement).

La Russie convoite Constantinople.

L'Angleterre convoite Alexandrie (1).

Il convient à chacune des deux Puissances que l'autre
échoue ;

Il importe souverainement à la France, à l'Autriche, à
l'Égypte et à la Turquie que toutes deux échouent.

Dans un pareil état de choses, la Russie et l'Angleterre
peuvent être mises en échec, et *si elle le veut fortement*, la
France est maîtresse.

C'est donc à la France à dire à la Russie : Vous n'envahirez
pas le Bosphore ; à l'Angleterre : Vous ne prendrez pas l'Isthme.

La manière de signifier cette volonté, c'est de protéger fortement l'Egypte contre le mauvais vouloir de l'Angleterre ;
c'est, en même temps de protéger fortement la Turquie
contre la protection du Czar, en donnant à celle-ci pour
alliées fidèles l'Égypte, l'Autriche et la France, autrement dit

---

(1) Si le Bosphore n'existait pas, c'est près de l'Isthme de Suez que devrait s'élever un jour la capitale du monde. On peut dire que si Constantinople est destinée à être la *Tête* de l'Unité Sphérique, Alexandrie est
destinée à en être le *Cœur*. Aussi rien de plus conforme à leur But respectif, que la Russie couche en joue Constantinople *la capitale*, et l'Angleterre Alexandrie le *grand passage*.

en faisant accepter aujourd'hui par les Puissances les propositions de Méhémet-Ali, propositions qui ont en Turquie l'assentiment du parti turc, du parti patriote, car ce parti sent bien tout ce qu'a de funeste la protection de la Russie et il se rallie franchement à l'étoile du vice-roi d'Égypte.

La France peut donc et doit, suivant nous, fonder aujourd'hui solidement, sous sa présidence, un Grand Protectorat de l'Europe centrale sur l'Empire Ottoman. L'Europe y gagnera la liberté du commerce des mers intérieures, menacée par l'Angleterre qui convoite Alexandrie, et par la Russie qui tend à confisquer la mer Noire; elle y gagnera la constitution d'une ligue puissante contre la Domination continentale du Moscovite et contre le Monopole màritime de l'Anglais; et la France y gagnera particulièrement la prépondérance dont les intérêts généraux de l'Europe exigent qu'elle soit en possession dans la Méditerranée.—Voilà pour le moment.

X.

Constantinople devra ensuite être déclarée LA VILLE DES CONGRÈS EUROPÉENS, afin de faire croître et prédominer sur ce point l'influence de l'Europe centrale (1), de *consacrer* Constantinople comme *Chef-Lieu* d'UNITÉ, et de soustraire par cette *consécration* le Bosphore à l'envahissement moscovite, et, du même coup, l'isthme de Suez à l'Angleterre.— C'est ainsi que Constantinople passerait de l'Etat de *Neutralité passive* à l'Etat de *Neutralité active*, c'est-à-dire entrerait dans ses fonctions de *Capitale des nations*. L'Établisse-

---

(1) Il ne faut pas se faire d'illusion : tant que l'influence de l'Europe centrale ne dominera pas décidément à Constantinople la question d'Orient aura beau avoir été *arrangée*, elle ne sera pas *résolue*.

ment régulier d'un pareil siège de Congrès Généraux, sous de pareils auspices, serait en effet la première pierre de l'Unité future.

La France doit-elle agir ainsi, agir dans un grand But, agir avec intelligence et avec fermeté? — Ou doit-elle, par une honteuse indécision, par une honteuse lâcheté peut-être, subir l'influence de l'Angleterre, tomber dans le piège que va tendre la Russie, abandonner l'Egypte, ou du moins ne pas la soutenir assez hautement pour que celle-ci et la Turquie se lient fortement à nous, aient foi en notre protection et en notre puissance? devons-nous disposer l'Egypte, en désespoir de cause, à tourner ses regards vers le Czar? Que préparerait une pareille Politique, sinon la guerre, et une guerre où nous jouerions le plus sot de tous les rôles, celui de dupes de tout le monde? — Méhémet a cent mille hommes à mettre au service de la Russie avec son nom et son étoile et le prestige qu'il exerce en Orient. L'occasion pour celle-ci serait belle et le jeu la pourrait tenter.

Ah! la France est une grande Nation, une grande Puissance, l'Angleterre et la Russie ne pourront le méconnaître! Aussi verrons-nous peut-être le jour où ces deux Puissances lui rendront un suprême hommage en la prenant pour médiatrice entre elles! Quel beau rôle! La France aurait la gloire de partager le gâteau, et, après une guerre plus ou moins longue, de prier, au nom de la paix du monde, la Russie de se contenter des Dardanelles, et l'Angleterre de l'Isthme de Suez... en attendant l'avenir!

Mais non, non! ayons foi dans les Destinées de la France! Elle ne peut tomber dans un pareil abaissement, la Nation qui tient dans ses mains la Paix, le Bonheur et l'Unité du Monde!

DEUXIÈME PARTIE.

CHAPITRE Ier.

DES BUTS ET DES AFFINITÉS POLITIQUES DES DIFFÉRENTES PUISSANCES.

Théorie des Alliances.

I.

De tout temps l'on a discuté contradictoirement et l'on discute beaucoup encore sur les Alliances. On s'entendrait mieux si l'on posait d'abord les Principes fixes qui doivent gouverner cette matière.

La règle supérieure des Alliances entre Puissances se déduit de la considération de leur BUT *respectif*.

Une *véritable Alliance* n'est possible qu'entre Nations qui tendent au *même But*.

Des Nations qui n'ont pas le *même But* ne peuvent pas

2

former d'*Alliance durable*, elles ne peuvent que se *coaliser momentanément* contre un danger, contre un ennemi commun et dans un But subsidiaire.

La bonne Politique d'une grande Nation, qui ne veut plus guerroyer et conquérir, consiste à se créer de *vraies Alliances;* — elle doit éviter d'être obligée de recourir aux *Coalitions.* Appliquons ces principes.

II.

L'Angleterre exploite et veut exploiter les Nations à son profit. Il est clair qu'aucune Nation ne peut s'associer à ce *But* égoïste. Une Alliance véritable n'est donc possible de la part d'aucune Puissance avec l'Angleterre. Aussi toutes celles qui ont cru établir un *lien réel* entre elles et l'Angleterre par des traités et par de bons services ont toujours été cruellement dupes de leur confiance. Tant que l'Unité continentale ne sera pas fondée, cette Puissance ne sera jamais *liée à rien* ni *par rien*.

En particulier, quelle sorte de bénéfice la France pourrait-elle jamais retirer de ce que l'on appelle si faussement l'Alliance anglaise?

L'Angleterre ne donne jamais rien à ses alliés : elle les exploite toujours ; elle les dépouille toutes les fois qu'elle le peut. En un mot les alliances de l'Angleterre sont toujours conformes à son *But*. Aussi une alliance avec l'Angleterre est nécessairement un signe de mal et *un mal* pour une Nation, et l'on n'y doit avoir recours que quand un mal plus grand y oblige.

III.

La Russie marche à l'envahissement général. Aucune Puissance ne peut s'associer librement à ce *But*. Donc, pas plus avec la Russie qu'avec l'Angleterre il ne peut y avoir Alliance, dans le sens que l'on doit donner à ce mot.

Aussi les Nations, les plus voisines de cette Puissance surtout, ne s'allient avec elle que quand elles ne peuvent pas et n'osent pas faire autrement, témoins la Turquie et la Prusse.

Cependant la France, comme chacun le comprend, serait en position de faire librement avec la Russie une *Coalition à long terme*, qui ne se briserait que le jour où ces deux Puissances devraient décider entre elles de l'Empire du Monde.

Mais il faut comprendre que cette Coalition de la Russie et de la France ne serait qu'une duperie pour cette dernière, si celle-ci ne se concevait en Occident un *But* analogue à celui auquel la Russie marcherait en Orient.

Cette Coalition emporterait donc avec elle, comme conséquence logique, la nécessité plus ou moins prochaine d'une guerre à mort contre l'Angleterre, et la réduction des nations voisines de la France à l'autorité de celle-ci. La France en acceptant ce Système ne pourrait donc le conduire à son terme que par la voie de la guerre.

D'ailleurs, en supposant que la France et la Russie atteignissent dans un temps quelconque le *But* de leur Coalition, elles n'auraient encore fait que préparer une grande guerre entre elles.

Ainsi, ou la Coalition franco-russe ne signifie rien et ne mérite pas le nom de Système politique, ou elle tend à jeter la France dans une voie fausse, guerrière, barbare, dans une voie de conquêtes qui convient sans doute encore au génie de la Russie, mais qui ne convient plus ni au génie actuel de la France ni à sa mission de Paix et d'Unité. La France ne doit pas rétrograder, abdiquer son caractère et recevoir le *Ton* de la Russie, et c'est ce qu'elle ferait en se laissant entraîner dans la Politique dont nous parlons.

IV.

Que si la France comprend et proclame le *But* politique qui est conforme à son caractère aussi bien qu'à la position qu'elle occupe en Europe et à ses vrais intérêts; si elle reconnaît clairement que sa mission est de fonder la Paix du Monde, l'Association, l'Unité des Nations; si l'accomplissement de cette tâche devient la pensée dominante de la Nation, alors, loin de se voir comme la Russie et l'Angleterre privée d'Alliances sincères, la France deviendra Centre d'Alliance et de Fédération pour toutes les Nations intermédiaires. Celles-ci s'associeront directement de toute la force de leurs intérêts et de leurs justes craintes au *But* de la France, car il sera leur *propre But*, leur vœu le plus ardent.

Il n'y a que la Russie et l'Angleterre qui puissent désormais souhaiter la guerre : la Russie, parce qu'elle juge la guerre nécessaire à ses desseins, et que sa position géographique et son état social comportent la guerre ; l'Angleterre, parce que les guerres affaiblissent et divisent les Nations continentales, et qu'il est dans son intérêt (tel qu'elle l'a conçu jusqu'ici) que ces Nations ne soient ni fortes ni unies. — Toutes les autres Puissances ont intérêt à la paix et salueraient avec bonheur la fondation de la Paix perpétuelle.

Si donc la France prenait pour devise et pour BUT la Paix du Monde et l'établissement de la Fédération des Nations, la Politique nationale de la France ne serait autre chose que l'expression du besoin commun, de l'intérêt général de toutes les Nations intermédiaires. Or l'*Unité d'Intérêt et de But* est la condition de l'*Unité de Volonté*, et entraîne l'*Unité d'Action*.

La France peut donc, et il suffit qu'elle le veuille fortement, se donner les plus solides Alliances, et fonder sur elles le succès d'une Politique, à jamais glorieuse, qui assurerait définitivement la Paix du Monde.

V.

En combattant ce que l'on appelle l'Alliance anglaise et l'Alliance russe, et en prouvant la valeur de la Politique qui unirait directement la France avec toutes les Nations de second ou de troisième ordre, Autriche, Prusse, Espagne, Belgique, Hollande, Suède, Turquie, Egypte, etc., on ne veut point dire que la France doit se proposer de combattre soit la Russie, soit l'Angleterre, et de nuire aux intérêts légitimes de ces deux Nations. L'Alliance du Centre ne serait dirigée contre aucune de ces deux Puissances ; elle aurait bien sans doute valeur d'assurance mutuelle contre l'ambition de l'une et contre l'égoïsme de l'autre ; mais le caractère de cette Alliance étant déterminé par son *But* supérieur, et ce *But* étant l'établissement de la Paix générale et la régularisation de toutes les relations internationales, de toutes les grandes mesures d'intérêt commun discutées en Congrès d'Unité, l'Angleterre et la Russie elles-mêmes se garderaient bien de s'isoler de ces Congrès, où pourtant leurs prétentions *illégitimes* se tiendraient mutuellement en échec et se neutraliseraient sous la puissante action du Centre. Aussi, au fur et à mesure que le Système dont nous faisons la théorie prendrait corps et fonctionnerait, les deux Puissances qui seules menacent encore aujourd'hui les autres ne tarderaient pas à se sentir paralysées *dans leurs vues illégitimes* et à les abandonner pour se rallier franchement à l'Unité.

Eh ! croit-on que cette solution, en dernière analyse, ne soit pas plus conforme aux *vrais intérêts* de ces deux Puissances que le développement et les péripéties de leur

Politique actuelle? L'Angleterre peut-elle donc aujourd'hui se faire illusion? espère-t-elle sérieusement qu'elle constituera jamais d'une manière stable le Monopole des mers et des relations commerciales à son profit? espère-t-elle que les fils qui lient à la métropole ses nombreuses colonies ne se rompront jamais? ne comprend-elle pas qu'un coup terrible menace sa puissance et qu'un jour ou un autre la Russie lui ravira les Indes? Et puis, est-elle maîtresse d'entraver avec efficacité le progrès industriel qui se manifeste au sein de toutes les Nations civilisées de l'Ancien et du Nouveau Monde, et ne doit-elle pas se résigner, bon gré mal gré, aux formidables concurrences qui commencent à entrer de tout côté en lice avec ses manufactures?

Ainsi le *But* actuel de l'Angleterre est un IDÉAL *qui règle son activité politique, mais qui n'est pas susceptible de réalisation absolue.* Il y a mieux, c'est qu'elle en a été plus près qu'elle n'en approchera désormais; les beaux jours de son Monopole sont passés, la *vieille* Angleterre *a commencé sa période de décadence.*

Or, si l'Unité pacifique des Nations était fondée, l'Angleterre, fonctionnant avec l'incontestable valeur industrielle qui lui est propre dans le régime régulier de cette Unité, y trouverait certainement une prospérité bien supérieure au sort que lui réserverait le développement d'une Politique d'injustice, de spoliation, d'égoïsme et de violence, que tant de dangers menacent et qui déjà penche vers son déclin.

Quant à la Russie, l'établissement spontané de l'Unité des Nations n'est pas moins conforme à ses intérêts réels; il est facile de le voir.

Supposons en effet (ce qui est encore hypothétique) qu'après de grandes guerres la Russie ait enfin atteint son *But.* Voilà qu'elle enlace dans ses frontières les terres occidentales de l'Irlande et les confins orientaux de l'Inde et même de la Chine! Bien plus, les Peuples incorporés dans le grand

Empire ont déposé tout sentiment de haine contre le vainqueur ; loin de nourrir des ferments de révolte, ils se sentent heureux chacun d'être membre du grand corps.

C'est là ce que la Russie peut souhaiter de plus beau sans
doute ; eh bien ! qu'est cela sinon l'Unité des Nations ? Entre ces Nations jadis hostiles il n'est plus question de guerres ; elles vivent de la même vie ; la paix est descendue sur
elles ; la terre n'est plus qu'un grand atelier de travail ; les
provinces du Nord, du Midi, de l'Occident et de l'Orient
échangent leurs productions, multiplient et croisent en tous
sens leurs relations commerciales ; toutes les grandes voies
de communication sont ouvertes à leur activité ; toutes les
mesures d'administration et d'unité nécessaires au développement de la grande vie industrielle de l'Empire se décident
et s'exécutent... Cet état de choses, dont la réalisation par
les voies de la conquête coûterait à la Russie tant de temps,
de travaux, de dépenses et de sang, cet état qu'elle n'attein-
drait et ne consoliderait jamais par ces voies désastreuses,
à moins que la Civilisation du Sud ne fut très avancée en
pourriture, en quoi diffère-t-il donc de l'état que préparerait et qu'amènerait facilement la France si elle procédait
directement à la Fédération des Nations? Et ne vaudrait-il
pas mille fois mieux pour la Russie que cet état se consti-
tuât spontanément du gré des Nations que de coûter aux
provinces composant la Russie actuelle d'immenses sacrifices, des guerres longues et cruelles?

Ainsi, en somme, s'il est très naturel qu'au sein de l'*incohérence* des Nations l'Angleterre et la Russie poursuivent
avec persévérance, l'une une Politique d'*égoïsme*, l'autre
une Politique d'*ambition*, il n'est pas moins vrai, fondamentalement vrai, que la grande Politique d'Unité, la Politique qui aurait pour objet la prospérité et le bonheur de
l'Humanité tout entière, est aussi favorable aux intérêts essentiels de chacune de ces deux Puissances qu'à ceux de

toutes les autres Nations d'un ordre égal ou inférieur.

La Politique d'Unité, loin d'être hostile, soit à la Russie, soit à l'Angleterre, est donc au contraire de nature à transformer et à absorber la Politique actuelle de chacune de ces Puissances, et à les rallier toutes deux.

On voit que cette Politique n'est pas une Politique *de même ordre* que celle des deux Puissances dont nous parlons, *et qui se mette sur la même ligne pour combattre les intérêts* auxquels ces deux Politiques correspondent ; c'est une Politique d'un *ordre plus élevé*, qui se place *au milieu et au-dessus de ces intérêts adverses*, et qui les *concilie et les satisfait* en les attirant dans une sphère supérieure.

On peut donc établir que, si la France fondait la Politique de Paix et d'Unité, elle unirait directement toutes les Nations intermédiaires dans une GRANDE FÉDÉRATION dont elle serait le Pivot, et que la Russie et l'Angleterre, bien que contrariées d'abord et paralysées quant à leur Politique actuelle, ne tarderaient pas à s'y rallier elles-mêmes, et à entrer, à leur propre satisfaction, dans le régime de l'Unité européenne.

CHAPITRE II.

MODE D'EXÉCUTION DU SYSTÈME PROPOSÉ.

Des Congrès Européens.

I. Quel est le degré de la consistance acquise en Europe au système pacifique. — II. Manifestation du *Droit nouveau* corrélatif au *Nouvel Ordre* européen.— III. La France doit développer l'usage des Congrès à cette fin qu'ils deviennent *institution*.

I.

Quelles que soient les formes définitives que l'*Unité humaine* doive revêtir un jour, il est certain que l'*Unité européenne* tend à se constituer aujourd'hui par des Congrès.

Il est singulier que, dans un siècle où l'on remarque tant de petites choses, où l'on attribue si souvent avec emphase beaucoup de valeur à des riens, on ne soit pas plus frappé de la transformation vraiment transcendante qui s'opère sous nos yeux dans la vie des Nations et dans la nature de leurs relations.

Une Révolution éclate en France; elle y renverse un Gouvernement que l'Europe nous avait imposé après nos défaites; elle remplace violemment la plus vieille des dynasties par une dynastie nouvelle, et donne le Pouvoir à un nouveau Principe.

Sous l'influence de celle-ci une Révolution semblable éclate dans un pays voisin, brise en deux parties un Royaume constitué par l'Europe victorieuse, et constitue un nouvel Etat.

Eh bien! au sein de cette Europe où les prétextes les plus frivoles ont suffi pendant des siècles pour allumer et éterniser les guerres, ces deux faits, deux faits pareils! se sont accomplis *sans entraîner la guerre!*

Malgré de graves oppositions de Principes, des Conférences, des Congrès ont tout réglé!

Que des étourdis débitent contre la Diplomatie de grosses
paroles, que des caporaux lui préfèrent le sabre, que ceux
qui n'en approuvent pas certaines décisions élèvent contre
elle des clameurs violentes, que les décisions de la Diplomatie
blessent quelquefois, qu'elles aient même souvent blessé
des convenances partielles de Justice, de Nationalité et de
Liberté, il n'en est pas moins vrai; pour quiconque regarde
de haut et se préoccupe plus des intérêts supérieurs et éter-
nels de l'Humanité que des passions et des intérêts pas-
sagers et secondaires des individus et des Peuples, il n'en
est pas moins vrai que la substitution de la Diplomatie à la
Guerre, de la Parole au Canon, des Congrès aux Batailles,
est le fait le plus heureux, le plus progressif, le plus capital,
et, si l'on veut comprendre l'expression, le plus *religieux*
qui se soit encore accompli sur la terre.]

La force brutale agonise.—Ce fait appartient essentiellement à notre âge; il le distingue de tous les âges antérieurs,
il est le prodrôme de cette vie unitaire de laquelle vivront
un jour tous les Peuples du globe, et il manifeste hautement la Solidarité qui déjà étend son réseau sur l'ensemble
des Nations industrieuses pour les corporiser.

La Spoliation et la Guerre formaient dans les temps passés
le But d'activité des peuplades et des Etats incohérents. —
L'Activité Industrieuse et Productive doit remplacer entièrement sur la terre l'Activité Destructive et Guerrière.

Or, les faits dont nous parlions prouvent que nos sociétés
sont arrivées à la transition des Époques guerrières aux Époques pacifiques et industrieuses.—C'est d'ailleurs aux super-
bes développements du Génie industriel de l'homme, à la vigueur avec laquelle les Peuples modernes sont entrés depuis

cinquante années dans le champ du *Travail productif*, que l'on doit l'apparition de ce caractère entièrement nouveau dans l'Humanité. Ces Nations, qui n'ont été longtemps que des individualités isolées, haineuses, armées les unes contre les autres, ne sont déjà plus que d'immenses Ateliers avides d'établir entre eux des relations de Science et de Travail, des communications amicales, des échanges de toutes sortes! elles apprennent mieux chaque jour à haïr la Guerre, à comprendre, à aimer, à vouloir la Paix, et elles se montrent déjà toutes disposées à s'entendre pour statuer, en Congrès Généraux, sur les mesures propres à régulariser les relations établies, à les multiplier et à en ouvrir incessamment de nouvelles....

Quand les Nations auront de grandes masses de produits à échanger régulièrement chaque année; quand elles seront liées par de nombreux intérêts et d'immenses affaires; quand cette Solidarité industrielle, qui est devenue si forte depuis cinquante ans entre tous les Peuples civilisés, aura atteint, par la multiplication toujours croissante des communications et des rapports, un tel degré de force que deux Nations ne puissent entrer en guerre, non-seulement sans léser dans' leur propre sein des intérêts considérables et provoquer de la part de ceux-ci des réclamations importantes (1), mais encore sans compromettre gravement le système entier des intérêts et des relations de toutes les Nations industrieuses des deux Mondes.... alors comment la Guerre serait-elle possible?

Il faut reconnaître que l'état des choses diffère singulièrement de ce qu'il était autrefois; que l'activité humaine, jadis entièrement tournée vers la Guerre, est bien près d'être en-

---

(1) Les *soies* et les *cotons* auraient suffi dans une circonstance récente pour empêcher que la guerre éclatât entre la France et les Etats-Unis.

t?rement absorbée par les œuvres du Travail productif, et que, si la GUERRE sortait forcément de l'ancien état social, le développement général de la grande Industrie, du commerce, des arts et des sciences, nous conduit vers un état d'où sortira tout aussi forcément la PAIX.

Les mœurs suivent l'état de la société. Aussi les mœurs actuelles sont-elles tout autres que celles de l'Antiquité et du Moyen-Age. L'esprit guerrier s'éteint, et, à la glorification du vieux Génie des Batailles succède la glorification du Génie adolescent du Travail et de la Paix.

Si donc, à d'autres époques, sous l'empire d'autres mœurs et dans d'autres conditions sociales, on pouvait rire de certains projets de *Paix perpétuelle* qui n'étaient alors que de belles utopies (1), le moment approche où l'on traitera d'insensés ceux qui croiraient encore à la nécessité des guerres et à leur permanence sur la terre.

La *Raison* seule ne pouvait vaincre la Guerre; pour y réussir il fallait qu'elle s'appuyât sur les *Intérêts* nés de l'Industrie.

Il existe donc un ORDRE NOUVEAU, un système de faits et de conditions qui n'avait pas encore existé sur la terre, et c'est la création et la généralisation des Sciences et de la grande Industrie qui ont produit et qui caractérisent cet état.

Or, dans ces conditions apportées par la substitution de l'Ordre industriel ou créateur et émancipateur, à l'Ordre guerrier ou destructeur et oppresseur, quelle doit être la Politique de la France? La France est-elle faite pour se laisser simplement aller au Mouvement qui entraîne les Nations à leurs destinées nouvelles, et doit-elle conserver dans ce mouvement une attitude indolente, incertaine, passive?—

(1) C'est-à-dire des vues de la Raison, des conceptions vraies, mais dont le temps n'était pas venu, ou, plus strictement, dont les conditions d'exécution manquaient.

Non, et puisque deux des Puissances de premier ordre peuvent être suspectées de vouloir, par des vues d'égoïsme ou d'ambition, s'éloigner de la ligne des intérêts généraux et légitimes, communs à toutes les Nations, la France doit prendre en main ces intérêts, et les tenir si bien qu'elle en soit considérée comme le champion et la sauvegarde ! C'est à la France à rappeler à l'Ordre et à l'Unité ceux qui s'en écarteraient.

Il est hors de doute que, une fois engagée dans cette voie, la France verra se rallier autour d'elle, tous les INTÉRÊTS PACIFIQUES qui sont LES FORCES du nouvel Ordre ; et, grâce à ces Intérêts dont la puissance prend une extension aussi rapide qu'imposante, elle fixera la Paix et les Destinées du Monde.

II.

Mais déjà les nouvelles Forces sociales n'ont-elles pas jeté le fondement d'un Droit nouveau ? Ce Droit nouveau, appelé à remplacer dans les relations internationales l'ancien *Droit de la guerre*, est le *Droit des Congrès*. Voilà le germe magnifique qu'il faut fixer, féconder et développer de telle sorte qu'il crée bientôt, en Europe, une légalité générale, une légitimité unitaire, tranchons le mot, une SOUVERAINETÉ supérieure à la Souveraineté individuelle, isolée, égoïste et divergente de chaque nation, une SOUVERAINETÉ à laquelle aucun Peuple, dans l'ordre de ses relations extérieures, ne puisse et ne veuille se soustraire.

Jusqu'ici les Congrès n'ont eu qu'une *existence accidentelle* ; il leur faut donner une *existence régulière et fixe* ; il faut qu'ils existent non plus *occasionnellement*, mais en tant qu'INSTITUTION.

Jusqu'ici ils ont borné leur action à des réglementations spécialement territoriales et politiques ; ils doivent l'étendre aux grands intérêts de l'Industrie, du Commerce, des Arts, des Sciences ; ils doivent avoir pour But de fonder un

Corps de Droit unitaire et une *Administration unitaire* pour tous les intérêts sociaux supérieurs.

Le moyen d'obtenir ces résultats est simple. Il suffit de provoquer, chaque année, des Congrès dans les formes actuelles, sur des objets spéciaux dont la réglementation unitaire soit un bienfait évident pour toutes les Nations. La matière ne manque pas; une affaire terminée, une autre viendra, et, grâce aux services éminents que rendront les décisions de ces Assemblées, en peu de temps le Congrès aura fondé sa *Légitimité* et son *Autorité souveraine* sur la base de toute Légitimité véritable, de toute Autorité durable, c'est-à-dire sur sa *Haute Utilité sociale*. Le *Fait* ne tardera donc pas à passer à l'état d'*Institution*, et ainsi les Nations industrieuses entreront en Fédération, et constitueront la première forme de l'Unité dans laquelle elles doivent se réunir.

Il est facile de reconnaître que l'Époque historique de la grande Institution dont nous parlons est arrivée: cette Institution en effet n'est que l'expression des tendances qui se manifestent de toutes parts. Nous avons remarqué qu'elle ressort si bien des intérêts et des mœurs de la Société moderne que déjà le Congrès surgit spontanément, par la force des choses, à chaque circonstance grave, à chaque crise qui, en d'autres temps, n'eût pas manqué de faire éclater la guerre. Il y a plus; c'est que les Puissances sont manifestement disposées à étendre l'action des Congrès aux affaires du domaine industriel et social, et à créer pour ces objets un *Droit unitaire* et même une *Administration unitaire*.

Ainsi on a vu récemment le Gouvernement russe et le Gouvernement autrichien accueillir, et même avec plus d'empressement que le nôtre, la proposition faite par un simple médecin français (M. Bulard) d'un Congrès méditerranéen destiné à régulariser le système des Quarantaines, dont les mesures disparates, incohérentes, sont en beaucoup de points aussi absurdes que vexatoires.

Tout récemment encore on a vu la Prusse et l'Angleterre, imitant le Danemarck, proposer à tous les États la *Réciprocité* de protection pour la *Propriété littéraire*, et entrer ainsi dans ces principes dont la France doit se considérer comme l'Apôtre principal, et dont le développement conduit à ces époques heureuses où l'homme se sentira toujours dans sa patrie, quelle que soit la région du globe où il porte ses pas.

La mesure de *Réciprocité* proposée par plusieurs Puissances relativement à la protection de la Propriété littéraire n'est qu'une application du principe au nom duquel la France supprima le droit d'aubaine. Il reste à étendre ce principe à un objet bien autrement important encore que la Propriété littéraire, et capable à lui seul d'ajouter rapidement une grande force aux liens de la Solidarité des nations. Nous voulons parler de la *Propriété des Inventions industrielles*.

La reconnaissance, la garantie réciproque par les Gouvernements de toute espèce de Propriété en général, et en particulier de la Propriété des Inventions et Perfectionnements industriels, est tellement féconde, elle présente des faits si heureux, des avantages si considérables, que la Puissance qui en poursuivra sérieusement l'adoption réussira certainement auprès de toutes les autres.

La justice la plus vulgaire réclame d'ailleurs cette *généralisation de la Protection due à la Propriété*, et si la mesure était proposée solennellement, aucun Gouvernement ne la refuserait, soit parce qu'elle est l'expression de l'intérêt particulier de chaque Peuple, soit parce que le refus en pareille matière serait un acte tellement *barbare* qu'aucun Gouvernement civilisé n'oserait le commettre.

Il est donc facile à la Puissance qui le prendrait à cœur de faire adopter aujourd'hui par toutes les autres le principe suivant et la clause qui l'accompagne : *Toute Propriété reconnue, garantie et protégée dans un État quelconque, est reconnue, garantie et protégée dans tous les autres États. — L'exécution de ce principe sera réglée en Congrès général.*

Indépendamment des immenses conséquences (1) matériel-
les d'une pareille disposition pour la multiplication des rapports, des affaires et des liens d'intérêt entre les Peuples, qui
ne voit que la simple reconnaissance d'un semblable principe
substitue immédiatement à la Souveraineté isolée et indépendante de chaque Etat une Solidarité qui les unit entre
eux comme les provinces d'un même Empire, et qui les fait
relever tous désormais d'un *Droit supérieur* qu'ils s'obligent
par cela même de constituer en commun?

Le fait qui caractérise et constitue le lien commun des
provinces d'un même Empire n'est autre chose, en effet, que
cette généralisation en vertu de laquelle tel droit reconnu
et garanti dans une province se trouve reconnu et garanti
dans toutes les autres.

Il est donc prouvé que les Etats civilisés sont assez avancés pour établir aujourd'hui entre eux le lien de solidarité
sur le fait capital dont nous parlons, celui de la *protection
de la Propriété*, qui se trouverait complétement généralisée
par les dispositions susdites ; car la Propriété matérielle ou
ordinaire est déjà reconnue partout, et le droit d'aubaine
même est à peu près universellement supprimé.

Serait-il difficile, après un pareil succès, d'étendre le
principe et le lien à d'autres faits sociaux? S'arrêterait-on
en si beau chemin? L'Industrie, le Commerce, les Arts, les
Sciences, les Monnaies, les Poids et Mesures, le Crédit public, etc., ne fourniraient-ils pas leur contingent de matières
à traiter et à unitariser? n'apporteraient-ils pas à l'envi les
plus brillants ralliements? et les bienfaits incalculables que
répandraient sur tous les Peuples civilisés des deux Mondes
les décisions des Congrès n'en fonderaient-ils pas l'Autorité
sur la base la plus large et la plus durable?

_____

(1) On n'a pas la moindre idée des étonnants résultats qu'apporteraient
au monde les développements que la *Propriété industrielle* réclame ;
nous les ferons connaître dans un travail à part.

Ce n'est pas ici le lieu d'entrer dans les détails ; nous en avons dit assez pour que les esprits éclairés saisissent l'ordre d'idées que nous avions à présenter et comprennent que notre théorie ne sort pas de notre cerveau, mais qu'elle sort des faits, des entrailles de la Société contemporaine dont elle traduit les besoins et les tendances.—Un développement nouveau ; imposant, se manifeste dans les Sociétés ; la Machine à vapeur va vaincre le Canon ; l'Organisation du Travail et de la Paix générale ne peut tarder d'être formellement exprimée par la volonté des Peuples industrieux. Nous n'avons fait que constater en les bénissant ces conditions nouvelles, reconnaître leur direction, et demander que la France joue, dans ce Mouvement des Sociétés modernes, le rôle qui convient à son intelligence, à son génie, aussi bien qu'à ses intérêts et à sa puissance.

Si jamais !Politique a été claire, déterminée, et commandée, par les faits, en même temps que facile, humaine et glorieuse, c'est assurément celle qui s'offre à la France ; aussi est-ce avec une conviction de raison et de bon sens que nous proclamons ce Principe :

Le BUT de la Politique française doit être aujourd'hui l'établissement solide de la PAIX et de l'UNITÉ DES PEUPLES.

La France doit constituer, sur cette base, l'acte de son Association, de son Alliance directe avec toutes les Nations que nous avons nommées Nations intermédiaires, et se proposer de rallier finalement à l'UNITÉ les deux Puissances *excentriques* qui ne pourront ni ne voudront se mettre en scission avec le Monde civilisé, en s'éloignant de ses Congrès.

Nous avons montré que le moyen d'atteindre le But de cette grande Politique consiste à développer le germe existant d'une SOUVERAINETÉ GÉNÉRALE, supérieure à la Sou-

veraineté jusqu'ici indépendante, insolidaire, *insociale*
enfin des Nations industrieuses ou civilisées, et que l'établissement régulier des Congrès d'Unité doit être poursuivi
sans relâche ; cette Institution étant la pierre angulaire de
l'Ordre pacifique, industriel et régulier, lequel se substitue
peu à peu à l'Ordre guerrier, barbare, incohérent, qui s'en va.

Nous répétons que cette haute Institution ne doit pas être
décrétée, et pour ainsi dire imposée aux Nations par la
France ; elle doit être amenée bénévolement et *par l'usage
fréquent* que l'on peut faire des Congrès dans leurs formes
actuelles, en les appliquant à la régularisation d'une foule de
mesures essentiellement bienfaisantes, que toutes les Nations
décideront de concert pour peu que la France ait à cœur
d'en provoquer la prise en considération. Une marche semblable habituerait bientôt les Peuples civilisés à considérer
comme ILLÉGITIMES tous les actes de relations extérieures
qui ne seraient pas sanctionnés par *l'Autorité unitaire commune*. On ne saurait douter de ce résultat, si l'on observe
que, déjà, aucune Puissance n'ose s'isoler des Congrès *oc-
casionnels* que suscitent les accidents de la vie politique.

CHAPITRE III.

Loi de transformation des rapports internationaux.

I. Époque guerrière ou barbare. — II. Époque diplomatique ou civilisée. — III. Époque pacifique ou unitaire. — IV. Prépondérance du besoin de la Paix chez les Nations industrieuses.

Le sens général du mot *Diplomatie* (1) serait de nature à embrasser toutes les formes des *relations pacifiques* des Puissances. Pourtant ce mot réveille plus ordinairement l'idée spéciale des relations qui s'établissent secrètement et, pour ainsi dire, en tête-à-tête, de Cabinet à Cabinet. C'est le sens que nous adopterons dans ce chapitre où nous allons examiner généralement, mais avec plus de précision que nous ne l'avons encore fait, les transformations que le développement de la Société et des mœurs apporte dans les relations politiques des peuples.

On peut diviser le cours du Mouvement social en trois Périodes, dont chacune offre un caractère très tranché, quoique ces trois Périodes se lient les unes aux autres par des transitions insensibles.

---

(1) On définit la *Diplomatie* : Science des rapports mutuels, des intérêts respectifs des États et des Souverains entre eux. (Dict. de l'Ac.)

I.

La première Période comprend tous les temps que l'on peut rapporter à l'*Ere barbare*. Ces rudes époques ne respirent que la spoliation, la dévastation, la conquête, le sang et le carnage. Les *producteurs* n'y sont rien ; ce sont des bêtes de somme, des esclaves, des serfs. La grande affaire de ces temps-là, c'est LA GUERRE. L'homme n'y est élevé que pour la Guerre. La Guerre est sa fonction, le combat est le BUT de sa vie. Il n'y a de liberté, d'honneur, de gloire, de fortune que pour qui porte vaillamment les armes.

Cette époque est pour l'Humanité un temps d'extrême morcellement, d'extrême division, d'extrême incohérence et d'extrême brutalité. Les chefs des peuplades, sans cesse armés les uns contre les autres, n'ont d'autre but que de se dépouiller, de se réduire, de s'écraser. Ce sont des mœurs sauvages, des haines féroces, des meurtres, des vengeances, des combats sans fin. Le *Droit* de cette époque se résume dans ce mot : *malheur aux vaincus !* —Voilà la première Époque.

II.

Peu à peu la culture, les sciences, les arts, le développement des richesses, de l'industrie et de l'intelligence humaine, ont adouci les mœurs ; les faibles ont passé sous la domination des forts : les Etats se constituent, s'organisent et grandissent. Les éléments anciennement hostiles et divisés ont été groupés par la conquête, se sont combinés dans des Nationalités, ont formé de grands Peuples. Des sentiments nouveaux prennent possession de la conscience humaine ; la Guerre cesse d'être regardée comme *l'état naturel* de l'homme ; bientôt même elle est considérée comme un *fléau*. Dans ces conditions sociales plus larges elle a cessé d'être le BUT D'ACTIVITÉ des Nations ; elle n'est plus pour les Etats qu'une *nécessité* de défense ou un *moyen politique*, c'est-à-dire qu'on ne fait plus la guerre pour elle-même, mais que les guerres ont leurs causes dans des intérêts politiques plus ou moins impérieux, plus ou moins justes. — Ce sont des Nations qui cherchent leur assiette, des frontières fortes, respectables, naturelles ; ce sont des principes nouveaux qui demandent satisfaction les armes à la main, ou des intérêts qui se font protéger par le canon.

Dans cette seconde Période la Guerre n'est évidemment plus le fait social dominant, un fait général, absolu comme dans la première Période. La Guerre est devenue un fait limité, subordonné, conditionnel, accessoire. Loin de guerroyer pour guerroyer, on évite la guerre quand on peut arriver pacifiquement au But que l'on se propose.

Mais quoique les Nations ne soient plus essentiellement belliqueuses, chacune se renferme encore avec méfiance dans son individualité, chacune entretient des forces militaires toujours prêtes, et s'isole dans une Souveraineté hautaine. Le sentiment de cette époque n'est plus un patriotisme guerrier, brutal, turbulent, dominateur ; — c'est encore un patriotisme étroit, égoïste, *insocial*. Chaque Nation entend ne relever que de sa propre volonté. Aussi chacune traite individuellement, secrètement, isolément avec l'une et avec l'autre ; c'est l'Époque de la DIPLOMATIE telle qu'elle s'est développée depuis plusieurs siècles en Europe.

Ainsi, le propre de cette Époque n'est pas d'*anéantir* la guerre, mais de la *subordonner*. Si elle fait déjà une part à la *raison*, à la *justice*, elle en fait une plus grande encore à l'*habileté*, à la *ruse* même, et ne détruit pas entièrement le règne de la *force*.

La Guerre pure et simple, la domination absolue de la force brutale est caractère de Barbarie. La subordination de la Guerre à la Diplomatie caractérise la Civilisation.

Cette nouvelle Période moins troublée, plus stable, plus protectrice, ne tarde pas à ouvrir de beaux essors à l'Intelligerce humaine, à son activité pacifique et productive. L'Industrie marche à grands pas; le Génie des sciences et des découvertes enfante des prodiges et ouvre à l'Humanité l'horizon d'un nouveau monde. Les communications s'établissent; les relations de commerce se nouent; les intérêts s'entrecroisent, et chaque Nation projette bientôt sur le sol de toutes les autres de nombreux rameaux qui s'y implantent.

Tout à l'heure chaque Peuple vivait d'une vie parfaitement isolée; toutes ses fonctions vitales étaient concentrées en lui-même : maintenant tous ces Peuples dirigent les uns vers les autres des canaux qui se rencontrent, des veines et des artérioles qui s'anastomosent. C'est ainsi que s'établit peu à peu un échange continuel de produits, d'idées, de sentiments, c'est ainsi que se forme, par l'effet d'une circulation de plus en plus active, un *sang* et un *sens communs* qui, tout en augmentant la fécondité et l'énergie de la vie individuelle de chaque Peuple, tendent à réunir, à associer, à composer ces vies individuelles dans une vie commune.

Lorsque ce travail des affinités physiologiques des Peuples est assez largemen tdéveloppé, lorsque les Nations, comme des membres épars qui se rapprochent, se sont soudées entre elles, le sentiment de cette grande solidarité, de cette communauté de vie ne peut tarder à se manifester. En effet, plus la soudure de ces membres, plus leur corporisation se trouvera avancée, plus la séparation violente de deux de ces parties deviendra douloureuse et dangereuse pour l'une et pour l'autre, et compromettante pour le corps tout entier. Dès lors cette vie générale, obscure, instinctive, confuse, tend plus ou moins vivement à sa constitution supérieure; elle marche à la conquête de ses vraies conditions, de ses garanties d'existence, c'est-à-dire qu'elle tend à subordonner ses parties à un Centre directeur, ses membres à une Tête (1)

(1) C'est la loi générale du développement embryonnaire. L'humanité se constitue comme se forme un animal, un homme, une nation,

Il faut maintenant, dans l'intérêt de chaque Nation, pour garantir à chacune sa vraie Liberté, sa liberté en fonctions industrielles et pacifiques, et même son existence, il faut que chacune renonce à la Souveraineté *absolue*, à l'indépendance *absolue*, au droit de faire la guerre, de troubler, de compromettre l'Economie générale. Un intérêt *nouveau*, un sentiment *nouveau*, des besoins *nouveaux*, se sont manifestés, et les mots de *Paix européenne*, d'*Intérêt européen*, d'*Equilibre européen*, se sont introduits dans la langue politique des peuples civilisés.

Eh! que signifie cette doctrine de l'isolement et de l'indépendance absolue des Nations? Que signifie cette indépendance sauvage et anti-sociale? Pourquoi, dans la Société des nations, une nation aurait-elle le droit d'égorger, d'écraser une nation voisine, quand il est avéré et admis que la première condition de toute Société c'est que l'*individu* y relève d'un Droit supérieur et commun? Le droit de se faire justice et de juger dans sa propre cause est-il moins faux, moins anti-social appliqué aux nations qu'appliqué aux personnes? La Société des nations exige donc la garantie qui régit la Société des individus, la garantie d'un *Droit commun*. Or un *Droit commun* ne saurait être garanti lui-même que par une *Autorité supérieure commune*.

Ainsi les Nations ne sauraient multiplier leurs relations pacifiques; elles ne sauraient entrer en commerce, en société les unes avec les autres sans éprouver le besoin de garantir, de régulariser, d'Organiser leurs relations et leurs intérêts réciproques en les plaçant sous une Règle, sous une Autorité, sous un Droit commun, et tôt ou tard même sous une Administration générale, supérieure et commune.

III.

C'est sous la provocation de ce besoin convergent (1) qui grandit avec les développements de l'Industrie et de la Raison publique, que le fait tend rapidement dès lors à se produire ; c'est sous l'empire de ces conditions et de ces circonstances que la *Fédération européenne* va se dégager du système de l'*Equilibre européen*, dont la politique devait clore l'*Epoque diplomatique* proprement dite et ouvrir la troisième Époque, l'Epoque des CONGRÈS D'UNITÉ. Cette dernière institution seule, en effet, peut fonder, garantir et organiser la Paix, en constituant un Droit commun, une Autorité commune, un Gouvernement supérieur enfin, capable de contenir les prétentions illégitimes, et de régler les intérêts internationaux des Etats pacifiquement confédérés.

IV.

En résumé :

Les sociétés humaines peuvent être conçues dans deux états, sous deux formes générales et à caractères opposés.

L'ETAT D'INCOHÉRENCE caractérisé par l'extrême Morcellement et l'extrême Hostilité de tous les éléments de l'Humanité, individus et peuplades. Dans cet état l'Activité humaine est presque exclusivement absorbée par la Guerre. Les époques de Sauvagerie et de Barbarie sont les types de ce premier Etat.

L'ETAT D'UNITÉ ou D'HARMONIE caractérisé par l'Association régulière des individus et des peuples. Dans cet Etat,

(1) Les besoins *généraux* et *convergents* sont, dans les Sociétés humaines, *provocateurs du fait qui doit les satisfaire.* Dans la Société humaine le besoin joue le même rôle que l'affinité dans le monde organique, où celle-ci se montre essentiellement organisatrice.

qui n'est point encore réalisé, l'Activité de l'homme est *exclusivement* dirigée sur la création des moyens de son bien-être et de son perfectionnement matériel, moral et intellectuel.

Enfin ces deux États sont séparés ou plutôt réunis par une Époque intermédiaire, dans laquelle l'incohérence, la brutalité guerrière, et les caractères propres à la Barbarie, vont toujours s'affaiblissant au fur et à mesure que l'exercice de l'intelligence et de l'activité industrieuse de l'homme créent les conditions et introduisent les caractères de l'État d'Unité.

La première Époque ne présente pas à proprement parler, une Société, mais un chaos dans lequel les éléments sociaux bouillonnent en tumulte.

Dans la seconde on voit le tumulte diminuer peu à peu ; les éléments s'associent, se groupent, la vie organique se développe confusément dans la Masse, s'étend, se propage et tend évidemment à l'Organisation générale et unitaire qui caractérisera la troisième Époque de l'Humanité.

Que l'Harmonie parfaite des humains soit ou non une utopie ; quelles que soient d'ailleurs les conditions intimes de cette Harmonie, et quel que puisse être le temps qui nous en sépare, il n'en est pas moins vrai, et c'est tout ce que nous voulions mettre en lumière, il n'en est pas moins vrai que la PAIX est aujourd'hui le besoin général des Peuples industrieux ; que les sentiments et les intérêts puissants qui *veulent la Paix* prennent chaque jour plus d'extension, de développement, d'énergie; et que la Nation qui adoptera loyalement et résolument comme But de sa Politique extérieure l'installation de la Paix du Monde civilisé aura nécessairement pour elle tous les éléments et toutes les FORCES qui sont en voie de développement dans la Société moderne. Nous voulions montrer encore que le Mouvement social suit un cours dont il est facile aujourd'hui à l'intelligence de saisir

la direction et de voir distinctement le terme final; d'où
résulte qu'on peut donner enfin à la Politique générale de la
France et de toutes les Nations une base fixe, positive, inébranlable, et l'engager dans une voie d'autant plus sûre,
d'autant plus profitable et d'autant plus glorieuse qu'elle servira mieux des intérêts et des tendances qui peuvent être
contrariés, mais *qui doivent finalement et fatalement triom-
pher*, — nous voulons dire LES INTÉRÊTS GÉNÉRAUX DES
PEUPLES, LES GRANDES, LES INDÉFECTIBLES TENDANCES
DE L'HUMANITÉ.

TROISIÈME PARTIE.

CHAPITRE Iᵉ.

Examen critique de la Diplomatie.

I. Valeur sociale des perfectionnements de l'Art militaire. — II. Valeur sociale de la Diplomatie. — III. Elle est impuissante à donner des solutions absolues aux difficultés politiques, et à donner des garanties certaines à la Paix. — IV. Condition fondamentale de la stabilité de la Paix ; passage de la Diplomatie *divergente* à la Diplomatie *convergente.*

I.

Etudions de plus près les grands faits du Mouvement social que nous venons d'embrasser d'un coup d'œil général.

Est-il nécessaire de démontrer que la Diplomatie, même dans le sens spécial et restreint où nous renfermons ce mot, a été un grand, un immense progrès social? Les perfectionnements apportés dans les armes, dans les machines de guerre, dans l'art militaire, sont des progrès au point de vue social. Le bon sens public a depuis longtemps compris et ratifié cette vérité. Ces perfectionnements cependant assurent-ils infailliblement le triomphe des seules causes justes? Non, et l'histoire de l'Amérique, à la honte de la Civilisation moderne, est remplie de forfaits horribles qui ne s'accomplissent depuis plusieurs siècles que grâce à la supériorité des moyens militaires des Européens sur ceux des Indigènes.

Mais les perfectionnements dont nous parlons ont, chez les peuples civilisés, circonscrit et régularisé la guerre; ils l'ont rendue moins fréquente, moins générale, plus difficile, plus savante; ils ont subordonné, dans la guerre même, la force brutale à l'intelligence, à l'industrie; ils ont enfin assuré la supériorité des peuples les plus avancés dans la carrière sociale.

Grâce à la poudre, aux canons, aux vaisseaux de haut-bord, la Civilisation moderne n'a plus rien à craindre de la Barbarie extérieure. Toutes les forces barbares de l'Asie viendraient fondre sur l'Europe qu'elles ne parviendraient pas même à l'entamer. Eh! quelle importance sociale n'accordera-t-on pas à un fait pareil si l'on se rappelle que la grande Civilisation romaine a péri sous un débordement, désormais impossible, de la Barbarie extérieure?

Aujourd'hui ceux des peuples barbares qui sont jaloux de posséder une force militaire respectable, sont obligés d'adopter nos armes et notre tactique. Eh bien! par cette même porte qu'ils ouvrent à nos procédés militaires, les procédés de nos sciences, de nos arts, de notre industrie, nos idées d'ordre, d'administration... c'est-à-dire notre Civilisation, entrent forcément chez eux.

Ainsi, que la Guerre soit toujours un fait atroce en elle-même, que les perfectionnements de l'art militaire et de ses moyens aient servi et servent encore à d'odieuses victoires, ils n'en ont pas moins été *en somme* très favorables à l'Humanité; *en somme* ils ont puissamment servi la cause de la Civilisation et du Progrès contre la Barbarie, contre la Sauvagerie, contre la domination de la force ignorante et brutale.

II.

La Diplomatie, à plus forte raison, a servi cette cause. Infirmera-t-on ce jugement en reprochant à la Diplomatie telle ou telle décision injuste, illibérale.....? Comme si la Guerre avait, plus que la Diplomatie, la propriété de donner infailliblement la victoire aux causes les plus justes et les plus libérales ! Chaque parti d'ailleurs n'a-t-il pas la prétention d'avoir de son côté la justice et le bon droit ? Et n'y a-t-il pas réellement, en général, dans les différends des États, des intérêts légitimes de part et d'autre? Ces intérêts légitimes qui sont en procès, la Diplomatie les accommode et les arrange ; la Guerre en les précipitant les uns contre les autres laisse à la fortune et à la force l'arbitrage de la cause.

Récemment, dans un petit État voisin, on a entendu d'étranges clameurs contre la Diplomatie. Les exaltés dans ce petit État voulaient que leur Gouvernement déclarât la guerre à toutes les Puissances de l'Europe, parce que la Conférence de Londres ne lui cédait pas le Luxembourg et le Limbourg. Et la France qui n'allumait pas une grande guerre, une guerre européenne, pour donner ces petites provinces à sa voisine, était anathématisée par les patriotes de la Belgique, grands ennemis d'ailleurs de la réunion à la France, et qui en parlaient dans ce moment-là même avec un mépris profond.

Et pourtant si, comme le voulaient ces imprudents *patriotes*, les armées de l'Europe se fussent ébranlées, que serait-il arrivé ? — La Belgique eût été d'abord ravagée, car elle eût servi de champ de bataille aux armées ennemies ; après quoi elle eût disparu du rang des Nations, car il n'est pas besoin d'être grand politique pour comprendre que le vainqueur, quel qu'il eût été, se fût inévitablement emparé d'elle.

Loin donc qu'elle soit en droit de se plaindre de la Diplomatie, la Belgique, dépourvue des conditions d'une Nationalité spéciale, ne doit qu'à la Diplomatie la prolongation de son existence. La Nationalité belge est un produit miraculeux de la Peur réciproque du Nord et du Midi (peur salutaire, peur intelligente, peur vraiment civilisée, qui a

maintenu la paix de l'Europe) ; et cette Nationalité ne peut
même prendre racine et se développer qu'à la seule condition que la Paix sera maintenue : n'est-il pas certain en effet
que, malgré sa constitution monarchique, elle serait em-
portée à la première guerre sérieuse qui éclaterait entre
la France et les Puissances du Nord? C'est ce que sentaient
et savaient très bien, en Belgique, les hommes capables qui
ont si habilement dirigé ou si sagement appuyé le gouvernement de leur pays pendant la durée des négociations.

Mais si les déclamations et les provocations belliqueuses
du parti exalté en Belgique étaient extravagantes, il n'en
faut pas moins reconnaître qu'elles correspondaient à des
sentiments, à des intérêts auxquels la Diplomatie n'a pas
donné satisfaction. Il est notoire que le Luxembourg et le
Limbourg, non-seulement par une conséquence de leur position géographique, mais encore par les sympathies de
leurs habitants, tendaient énergiquement à se lier à la Belgique, et répugnaient fortement à passer sous d'autres lois.
Ces provinces ont été livrées malgré elles, et la solution
donnée par la Diplomatie a été entachée d'un acte manifeste d'oppression.

C'est que, effectivement, si l'intervention diplomatique
est un grand progrès sur l'atroce intervention des boulets,
s'il est absurde de critiquer la Diplomatie en invoquant la
Guerre, la Diplomatie n'est pas encore le dernier terme du
Progrès.

III.

Le propre de la guerre, indépendamment de ses *moyens*,
qui sont essentiellement *anti-sociaux, destructeurs, barbares*, est encore de tendre à une *solution barbare :* la domination absolue de l'intérêt vainqueur, l'oppression totale de
l'intérêt vaincu, celui-ci eût-il même, incontestablement,
tout le bon droit pour lui.

Le propre de la Diplomatie, qui évite le fléau de la guerre, qui emploie des *moyens pacifiques* et *civilisés*, est d'opérer une *Transaction* entre les intérêts adverses, de n'en sacrifier absolument, de n'en écraser complètement aucun. C'est là ce qui constitue sa supériorité sur la Guerre.

Mais le caractère d'une *Transaction* n'est pas et ne peut généralement pas être de donner *satisfaction absolue* aux intérêts adverses. Le propre d'une *Transaction* est d'opérer l'accommodement en obligeant chacun de ces intérêts à céder et sacrifier *quelque chose*.

Une *Transaction* étant, en thèse générale, une solution fausse, incapable d'ailleurs d'accorder pleinement en les satisfaisant pleinement les intérêts adverses, et le propre de la Diplomatie étant d'opérer des transactions, dans lesquelles chaque parti influe non-seulement par son droit, mais encore par sa force; il faut constater déjà ce premier défaut inhérent aux solutions de l'ordre diplomatique proprement dit; il faut reconnaître qu'elles seront toujours plus ou moins fausses, plus ou moins incomplètes, et que, si la raison et la justice interviennent dans les décisions, elles n'y interviennent pas seules. La puissance des parties contractantes y devant être nécessairement représentée, le plus fort obtiendra toujours, ou au moins pourra toujours obtenir au-delà de ce qui est juste; cela est incontestable.

Mais il est un vice bien plus frappant encore à reprocher à la Diplomatie; c'est que ses actes sont essentiellement précaires, qu'ils manquent de Sanction, de Garantie.

Nous répétons que nous comprenons spécialement sous l'épithète de diplomatiques ces relations qui s'établissent plus ou moins secrètement de Puissance à Puissance.

Or, quelle est, et quelle pourrait être, dans ces conditions, la Sanction des actes diplomatiques, la Garantie des conventions et des traités? — Quand deux particuliers contractent, c'est sous l'empire d'un Droit commun, d'une Loi, d'une

Autorité placée au-dessus de chacun d'eux, qui les oblige, qui garantit le contrat, qui fait véritablement l'existence du contrat ; car en l'absence de cette Autorité supérieure il ne saurait y avoir qu'un engagement purement moral et dont l'exécution serait toujours subordonnée à la volonté de chacune des parties.

Quand deux Puissances font un Traité, où est l'Autorité supérieure qui les engage et les oblige l'une à l'égard de l'autre ? — Chacune d'elles est Souveraine et entend rester Souveraine.

Que signifie donc le Traité par lequel ces Puissances prétendent se lier pour l'avenir (1)? Rien, sinon que, *dans le moment où elles le signent*, elles en consentent l'une et l'autre les conditions ; mais que le Traité sera déchiré le lendemain si le lendemain l'une des deux Puissances juge bon de le déchirer.

Les Traités, les actes diplomatiques passés entre deux Puissances n'ont donc qu'une valeur précaire et sont dépourvus de garanties positives, comme le seraient les contrats des particuliers en l'absence d'une Autorité commune et supérieure. On peut même observer que la *garantie morale* qui reste seule à ces actes est naturellement plus faible qu'elle ne le serait dans l'ordre des relations particulières. Ici, en effet, la fidélité à la foi jurée est un principe de moralité très net et très simple, que la conscience et l'Opinion publique résolvent tranchément ; la ligne du devoir est étroite et toute tracée. Là, au contraire, dans les relations des Etats, un Gouvernement est toujours bien près de se croire assez moral si un intérêt national sert de mobile à ses actes. En France même, on rangera facilement de son côté l'Opinion

_____

(1) *La Souveraineté ne peut pas être engagée ;* nous avons démontré cette proposition d'une manière générale dans une brochure intitulée *La Conversion, c'est l'Impôt*, à propos de la question du Droit de remboursement que l'on contestait à l'État. Voyez, à la fin de cet écrit, la Note A.

publique, si l'on fausse ou si l'on rompt un traité librement
consenti, pourvu que l'on y intéresse quelque sentiment
de susceptibilité ou d'ambition nationale (1).

Le sentiment moral des devoirs des personnes entre elles
se développe de bonne heure dans la conscience humaine;
celui des devoirs des Nations les unes à l'égard des autres
ne s'y manifeste que beaucoup plus tard; il n'appartient
qu'à une Société déjà très avancée de le faire éclore. Il faut
d'ailleurs une supériorité de bon sens et une mesure de prévoyance et de calme que n'ont point tous les hommes politiques, pour savoir subordonner un intérêt au nom duquel on
peut flatter et exciter un égoïsme national vulgaire, à l'intérêt plus élevé qui fait dès aujourd'hui de la fidélité aux
engagements une règle de bonne et de haute Politique pour
les Etats civilisés (1).

Aussi l'on connaît le sort qu'ont eu tant de contrats diplomatiques; on sait ce qu'ont duré tant d'amitiés éternelles
et d'alliances à perpétuité jurées dans les Traités !

En général les Traités de *Nation à Nation* constatent des
nécessités ou des intérêts *présents*; jamais ils ne garantissent
l'AVENIR — *pour lequel*, cependant, *ils sont faits.*

IV.

Et n'est-ce pas quelque chose d'étrange et de honteux que
les Nations civilisées, qui ont tant besoin de la paix, en
soient encore à vivre les unes à côté des autres sans savoir
si le lendemain elles seront en paix ou en guerre? N'est-ce
pas une honte pour cette Europe policée, industrieuse, qui
déteste la guerre, de n'avoir pas encore su *s'assurer* elle-
même, d'une manière positive, contre ce fléau, et qu'à chaque

(1), (1) Voyez sur ce sujet la Note P.

instant encore la guerre puisse éclater en Europe malgré l'Europe (1)?

Les Nations ont longtemps vécu comme des bêtes féroces acharnées à se combattre, à se dévorer, nourrissant les unes ccntre les autres les sentiments de la plus profonde haine.

Elles n'ont plus maintenant les mœurs des bêtes féroces, elles en ont encore les lois: il existe entre elles des rapports pacifiques, des rapports bienveillants, des liens d'intérét; mais la stabilité de ces rapports n'est pas assurée, parce qu'elles ne sont liées par aucune Garantie supérieure de justice, parce qu'elles s'isolent encore chacune dans une *Souveraineté divergente*, qui est contraire à la première condition de l'*état de Société*.

Il est temps, il est temps de comprendre que la sociabilité humaine est faite pour les peuples aussi bien que pour les individus; il est temps que les Nations civilisées rougissent en reconnaissant qu'elles n'en ont pas encore réalisé la première condition, cette condition qui apparaît déjà dans une horde de Sauvages où il existe une Loi, une Autorité supérieure commune!

Le premier Droit des Peuples industrieux, c'est la Paix. Les Peuples d'Europe sont donc en droit d'exiger de leurs Gouvernements que ceux-ci garantissent la Paix de l'Europe; c'est à quoi la *Diplomatie divergente* ne peut pas prétendre. La Paix ne sera jamais assurée tant que les rapports des Gouvernements, les conventions et les traités resteront secrets, indépendants, privés de sanction.

Et comme la Paix n'est pas seulement un Droit des Peuples,

(1) Quel est le sujet principal de tous les discours de la Couronne soit à l'ouverture des Chambres, soit dans les solennités où les grands Corps de l'État envoient des députations au Roi? — C'est la conservation de la Paix. — La manière dont on y traite ce sujet est la plus grande critique qui se puisse faire de la sagesse des Gouvernements de l'Europe, pris dans leur ensemble. La Paix ne serait pas un problème de chacue moment, et sa conservation *pendant une année* ne mériterait pas tant d'éloges si les Gouvernements obéissaient un seul jour à la raison, au vœu des peuples et à leurs propres intérêts.

mais qu'elle est aujourd'hui un Vœu général, un Besoin formel, il en résulte que la Diplomatie doit tendre maintenant à une forme supérieure.

[C'est en effet ce qui arrive. Autrefois la Diplomatie ne marchait que dans l'obscurité la plus épaisse ; elle avait pour cortège le mystère, la ruse et la trahison. Aujourd'hui elle craint moins le grand jour auquel d'ailleurs elle ne peut plus se soustraire ; elle est donc plus ouverte, plus fidèle et plus loyale ; enfin, et c'est là le grand progrès, dans toutes les circonstances importantes elle dépouille la forme primitive, elle abandonne la marche individuelle et secrète pour prendre la forme supérieure, la forme de Conférence ou de Congrès.

La transformation de la Diplomatie n'est donc pas un fait d'avenir et de théorie ; c'est un fait en voie d'accomplissement, accompli même en grande partie. Il est passé actuellement dans les mœurs, dans les traditions et dans les nécessités politiques de l'Europe, que toutes les grandes Puissances *interviennent* et *statuent Ensemble* sur tous les *faits européens*. Le principe est accepté ; il s'applique à toute occasion ; la Diplomatie individuelle, secrète, l'ancienne Diplomatie, la *Diplomatie divergente* est dépouillée maintenant de toutes les questions importantes dont les solutions sont désormais du ressort exclusif de la *Diplomatie générale* et *convergente*. Il ne reste plus qu'à donner à la forme nouvelle la fixité, la permanence, la solidité d'une Institution, de la plus haute des Institutions, de l'Institution qui garantira la Paix du globe et qui fondera enfin l'Unité de la Famille humaine.

CHAPITRE II°.

Examen du Système de l'Equilibre européen.

I. Valeur de ce Système. — II. Ses défauts. — III. Caractère essentiellement transitoire de ce Système ; — Où il conduit.

I.

Le Système de l'*Equilibre européen*, qui est le fondement de
la Politique générale de ce temps-ci, marque parfaitement la
transition des époques de la *Diplomatie divergente*, à l'époque
de la *Diplomatie convergente* ou des *Congrès d'Unité*. Ce Système en effet appartient par son But (le MAINTIEN DE LA
PAIX GÉNÉRALE) à l'époque d'Unité ; en outre ce Système
reconnaît la SOLIDARITÉ DES NATIONS, il se fonde sur
cette Solidarité ; il exprime une ligue intentionnelle de toutes les Puissances contre celle que l'ambition entraînerait
dans des voies d'agrandissement et de conquête ; il constitue l'Europe non point sur des titres secrets, divergents,
sur des traités d'État à État, dépourvus de toute sanction,
de toute garantie, de toute valeur générale, mais sur des
Traités publics, solennels, où toutes les grandes Puissances
interviennent solidairement, s'engagent ensemble, statuent
ensemble. Ce Système, fondé sur le principe de la Solidarité
européenne, a provoqué des Congrès européens, a été consacré par ces Congrès et consacre lui-même cette forme
élevée, puisqu'il exige que toute solution politique importante sorte désormais d'une convention solidaire, se règle
par le mode des Conférences, des Congrès.

II.

D'un autre côté le mot d'*Equilibre* exprime bien la nature
de cette Solidarité qui n'est encore que *négative*, et l'état de

ces Puissances qui voudraient, il est vrai, que toutes les Souverainetés fussent engagées pour le maintien de la Paix; mais qui voudraient en même temps conserver dégagée, isolée, et absolument indépendante de toutes les autres, leur propre Souveraineté. Ces Nations longtemps animées de haines violentes sentent bien aujourd'hui le haut intérêt qu'elles ont à vivre en paix ; mais elles restent encore enveloppées chacune dans un *nationalisme répulsif* qui n'est qu'un nationalisme fort mal entendu pour des sociétés industrieuses. Ces Nations se contiennent et s'observent l'arme au bras, au lieu de s'associer et de désarmer ; elles se posent les unes contre les autres, elles cherchent à s'*équilibrer*, à former un *système statique*, au lieu de se souder entre elles et d'accroître dans la plus haute proportion l'intensité de leurs vies individuelles en les unissant dans un grand *système organique*, c'est-à-dire dans le système qui convient aux êtres vivants.

Ce Système est faux comme le sont en général tous les systèmes de transition : est-ce d'*équilibre* qu'il s'agit ? Cet Équilibre d'ailleurs est instable et manque de clef de voûte. Il est bien certain que l'Ordre et la Paix que veulent aujourd'hui les Nations ne seront garantis que quand les Nations auront réalisé entre elles la condition de Sociabilité qui maintient l'Ordre et la Paix entre les membres d'un même État, quand elles se seront constituées en Société; c'est-à-dire quand elles auront renoncé dans leur propre intérêt chacune à la Souveraineté individuelle absolue, au droit anti-social et absurde de *se faire soi-même justice dans sa propre cause*; enfin, quand elles auront institué, non pas la domination de l'une d'entre elles sur toutes les autres, mais la Souveraineté fédérale d'un Tribunal supérieur, d'une Autorité commune dont chacune relèvera dans ses rapports avec ses voisines, comme les individus dans chaque État relèvent d'une même Loi.

III.

Le Système de l'*Equilibre européen* n'a donc pas le caractère d'un fait social définitif, durable, organisé. Son caractère est celui d'un fait essentiellement transitoire. Considéré comme une conception absolue et définitive il serait faux et absurde ; considéré comme la transition de l'Incohérence à l'Unité sociale, de la *Diplomatie divergente* à la *Diplomatie convergente*, il est bon, naturel et du plus favorable augure. Quand les éléments, après s'être livré des combats terribles dans les bouillonnements et les conflagrations du chaos, s'apaisent et se calment, ce moment d'*équilibre* n'est point encore la Création, mais il est l'état qui la précède et qui l'engendre. Ce repos ne peut durer sans que ces éléments tout à l'heure hostiles se recherchent, s'attirent pas leurs pôles sympathiques, associent enfin leurs vies particulières dans une grande Vie commune, organisée, florissante et majestueuse.

Les hommes d'Etat de l'Europe continentale ont généralement adopté la doctrine de l'*Equilibre européen*. L'adoption et l'application de cette Politique, fondée sur un grand principe de Justice sociale et sur le besoin et le vœu de la Paix Générale, a été un beau, un magnifique progrès sur les idées et sur les faits des époques antérieures. Maîtresse de la France, l'Europe a consacré ce Système par les Traités de 1815, et la France après la Révolution de juillet s'est montrée assez sage pour respecter, dans les Traités européens de 1815, le Principe de l'*Equilibre européen*, bien qu'elle n'eût alors participé qu'en vaincue à ce règlement général. C'en est assez pour prouver que ce Système résulte des faits contemporains, des intérêts généraux du Monde, qu'il est passé dans les *idées politiques*. Il subsiste : le choc d'une Révolution dont la terre a tremblé d'un bout à l'autre de l'Europe, qui a ébranlé tous les trônes, n'a fait que lui

donner plus de consistance en le mettant à l'épreuve. S'il
sort triomphant d'un règlement pacifique de la question
d'Orient, comme cela est probable, comme cela, il faut le
croire, est certain, il aura atteint son plein développement, il
sera parvenu à son apogée, et de cet apogée sortira nécessairement l'Unité fédérale des Nations civilisées. Encore
dix ans de Paix, et la Guerre n'est plus possible en Europe!
Encore dix ans de Paix, et les liens que la grande industrie,
que les sciences, le commerce, les intérêts pacifiques de
toutes sortes nouent chaque jour entre les Nations seront
indissolubles! Encore dix ans de Paix, et les besoins uni-
versels, et les progrès naturels de la sociabilité humaine, de
la fraternité des peuples, auront amené l'ère des *Traités généraux de commerce* (1), et instauré la haute et souveraine
INSTITUTION DU CONGRÈS D'UNITÉ.

Oui! il faut, pour ne pas le voir, il faut être de ceux que
la lumière aveugle : l'Unité de la famille humaine déposée
dès le berceau du monde dans les témoignages religieux des
Peuples; cette Unité, dont le sentiment s'est manifesté à des
degrés proportionnels à leur grandeur propre chez tous les
hommes qui ont cumulé la double grandeur du cœur et de
l'intelligence, chez tous ces grands Génies qui ont été les
expressions les plus hautes du Génie de l'Humanité, les
avant-coureurs de ses Destinées glorieuses; cette Unité a
maintenant son trône tout préparé sur la Terre, et la voix
des grands Évènements qui se sont accomplis depuis trois
siècles au sein des Nations l'appelle et proclame sa venue
prochaine.

Est-ce donc pour rester à jamais Barbare et Meurtrier
que l'Homme s'est élancé depuis trois siècles dans la carrière des découvertes et des hautes sciences avec une ardeur si féconde? qu'il y a cueilli des palmes si belles, et qu'il

---

(1) Voyez à la fin de cet écrit la Note C.

y a retrouvé, dans le sentiment de son intelligence et de sa
virtualité, les titres longtemps égarés de sa dignité, de sa
noblesse, des intelligentes et lumineuses Destinées de son
Espèce? Est-ce pour s'abreuver à jamais du sang de ses frè-
res que l'Homme a conquis et mesuré son Globe! qu'il l'a conquis dans tous ses éléments, dans toutes ses puissances, et
qu'il découvre chaque jour mille instruments nouveaux pour
gouverner les forces de la Nature et transformer en sources
de bienfaits celles que les Ancêtres croyaient à jamais terribles, à jamais indomptables, celles dont ils avaient fait des
Dieux? Si l'Homme s'est soumis les Vents et les Tempêtes, s'il
s'est rendu maître des Océans, du Feu, de la lumière, des
Distances, de l'Espace, du Temps, est-ce donc pour rester
l'esclave des Idées des Barbares et de leur Nationalisme fa-
rouche et bardé de fer? Nous avons vaincu les Dieux des
jours anciens : Neptune, dont nos flottes narguent les colères; Éole, qui conduit nos navires, moût nos grains, souf-
fle nos fourneaux : nos mineurs se sont emparés des domai-
nes souterrains de Pluton; ils ont chassé le Dieu et confis-
qué ses trésors; nos machines ont fait descendre Hercule
au rang des portefaix; le vieux Saturne ne peut suivre nos
locomotives; enfin, nous arrachons avec un jouet d'enfant
la foudre aux mains de ce même Jupiter dont le froncement de
sourcil faisait autrefois trembler l'Olympe. Serait-ce donc
que Mars, ce Dieu inintelligent et borné, ce Stupide, serait
le seul des anciens Maîtres du Ciel qui dût rester Dieu
et Maître des hommes?—Nations chrétiennes! Nations chrétiennes! la Croix domine vos temples, mais vous courbez
encore ignominieusement vos fronts devant le Dieu des Barbares? vous ne serez chrétiennes en esprit et en vérité que
quand vous aurez réalisé entre vous la loi de Paix et d'Unité,
quand vous aurez accompli le commandement de Celui qui a
dit : « *Aimez-vous les uns les autres.* »

Il faut reconnaître le caractère des temps modernes et comprendre la nature des choses nouvelles qui se sont produites

et des choses nouvelles qui se préparent. L'idée de l'Unité des Peuples est partout ; elle sort de tous les faits, elle sort de tous les systèmes ; elle se manifeste dans les éléments les plus opposés, et ménage le ralliement dans lequel ceux-ci doivent bientôt s'unir. La Science la découvre, les Arts l'appellent, l'Industrie la commande ; la Philosophie, jetant là ses armes de guerre et se débarrassant de ses impuretés, y aboutit de toutes parts à mesure qu'elle conçoit mieux le Progrès et les besoins généraux de l'Espèce. Enfin, l'Unité est le sens, le vrai sens, qui, resté longtemps obscur, caché, étouffé sous les ténèbres de la Barbarie et sous les mœurs du Vieux Monde, se dégage aujourd'hui, resplendissant de jeunesse et de clarté, du sein du Christianisme ! Des voix sortent de toutes les Églises et de tous les Peuples, qui proclament que les traductions du passé sont incomplètes et que la vraie traduction de la Parole, c'est le *Catholicisme social*, c'est-à-dire la Paix, l'Unité et le Bonheur du Monde. Ainsi, du sein même de la mêlée où se combattent encore les idées anciennes, il sort une Idée commune, une Affirmation commune !

Le Chaos proclame la Création, l'Incohérence confesse l'Unité.

CHAPITRE III.

État de l'Europe.

I.

Depuis cinquante années surtout l'Unité fait visiblement effort pour se constituer.

Notre sanglante Révolution, quelque étroite, quelque réactionnaire, quelque barbare qu'elle se soit montrée par ses haines, a été dans l'un de ses sens, et c'est ce qui fait sa grandeur, une formidable explosion du sentiment de l'Unité des Peuples et de la fraternité humaine. Abstraction faite des éléments qu'elle n'a pas compris et qu'elle voulait retrancher de la Société sous les coups de sa hache odieuse, elle a déclaré la Paix au Genre humain et proclamé sincèrement la fraternité des Peuples. Loin de vouloir imposer la France à l'Europe, la Convention a proscrit l'esprit de conquête, et c'est le premier grand Pouvoir national dont le patriotisme ait cessé de s'allier au sentiment d'une égoïste domination, au désir de l'abaissement des autres Peuples.

Le colosse révolutionnaire de 93 avait donc, on peut le dire, un pied dans la Barbarie, un autre dans l'Avenir.

II.

Le Génie de Napoléon, entraîné sur les champs de bataille par la Nécessité autant que par la Victoire, marcha à l'Unité par la conquête. Les éléments menacés de destruction par la Révolution, *réunis* dans une *Coalition générale*, avaient déclaré au foyer de la Révolution une guerre qui faisait à l'Empereur une loi de se porter à la rencontre des armées de l'Europe s'il ne voulait avoir à les combattre sur le sol de la patrie. A force d'écraser des armées et de mêler les Peuples, il fut conduit à la volonté de les unir. Les choses le menaient autant qu'il menait les choses (1). Il conçut d'abord l'Equilibre continental européen le plus large et le plus simple, l'unité du Nord sous le chef de la Russie, l'unité du Midi sous le chef de la France, et l'équilibre de ces deux unités sur la confédération des membres germaniques. Au Nord le Christianisme grec, au Midi le Christianisme romain, entre eux le Christianisme autrefois *protestant*, désormais *transacteur*. Les vingt-cinq années qui se sont écoulées depuis la chute de l'Empire ont travaillé à la réalisation des vues du Conquérant. L'Espagne, le Portugal, la Belgique, et même les provinces du Rhin et l'Italie, gravitent déjà ou tendent visiblement à graviter sur la France, et les membres de la Confédération germanique se soudent entre eux chaque jour (2).

Puis, Napoléon ne tarda pas à être poussé à la conception de l'Unité politique du continent, et son épée victorieuse faillit la décréter (3).

---

(1) *Voyez* à la fin de cet écrit la Note D sur le *Triumvirat continental*.

(2) *Voyez* la Note C sur l'*Union commerciale allemande*.

(3) Voici le jugement porté par Fourier sur cette phase de la vie de l'Empereur :

« Après la chute de Bonaparte, on cita de lui, comme un acte de dé-, « mence, une médaille qu'il avait fait frapper à Moscou et qui portait « en exergue : *Dieu au ciel et Napoléon sur la terre*, c'est-à-dire qu'il « voulait laisser à Dieu l'empire du ciel, et s'emparer de celui de la terre... « L'intention de Monarchie universelle, décelée par cette médaille, *est* « *ce qu'il y a de plus sensé dans les vues de Bonaparte*; mais sur ce « point comme sur tout autre il se montre en demi-grand homme, en « SIMPLISTE, qui se borne à méditer la conquête du monde, et ignore « qu'il faut pourvoir à la *conservation des conquêtes.* »

(FOURIER, *Traité de l'Assoc.*, tom. II, p. 499.)

Enfin Napoléon succombe. Loin de succomber avec lui l'Unité s'impose à ses vainqueurs.

Le Conquérant avait voulu dompter l'Europe; à sa chute toutes les Puissances de l'Europe *ne font qu'*UN contre lui. Et comme il avait discipliné la Révolution, comme il en avait élargi la conception étroite, adouci les allures sauvages, comme il avait rappelé les idées de l'ordre pratique en France et qu'il y avait renoué le lien de la tradition, rompu par la colère révolutionnaire; comme il avait d'ailleurs marqué de son épée victorieuse toutes les couronnes Royales, les Rois ne virent plus que lui à abattre et n'abattirent que lui. Après avoir sauvé la Révolution de l'imbécillité honteuse où elle tombait à la suite de ses excès, après avoir préparé l'Unité en rendant la France plus homogène avec l'Europe, et l'Europe plus homogène avec la France, Victime auguste, il détourna sur sa tête l'orage qui grondait depuis vingt années contre la France et reçut la foudre sur son front.

III.

En tombant l'Empereur légua au monde un Congrès où la France, malgré ses récentes défaites, et surtout malgré ses Victoires et malgré sa Révolution, fut admise à côté des Souverains ses vainqueurs; un Congrès où toutes les Puissances de l'Europe réglèrent *en commun* l'état de l'Europe, où l'Angleterre elle-même signa le principe de la Paix du continent; un Congrès enfin d'où sortit le système de l'Equilibre européen, la transformation de la *Diplomatie divergente en Diplomatie convergente*, et ces vingt-cinq années de Paix qui ont noué plus de relations amicales entre les peuples qu'ils n'en pouvaient nouer jadis en trois siècles.

Ainsi, l'on ne saurait le méconnaître et l'on ne saurait trop le répéter, l'Unité tend fortement à se dégager des faits contemporains, et les évènements les plus contraires n'ont point arrêté ce magnifique essor.

Que les Gouvernements se hâtent donc de comprendre le cours des choses et de régulariser, en le secondant, le Mouvement de l'Humanité! S'ils ne favorisent pas le progrès que les Nations européennes doivent nécessairement accomplir aujourd'hui, l'instinct des choses leur sera contraire et ils périront au milieu des convulsions de la Société. Et vous, Nations civilisées du centre et du midi de l'Europe, sachez que si vous ne vous éclairez pas, que si vous n'avisez pas à provoquer de la part de vos Gouvernements, non par les voies révolutionnaires, mais par la toute-puissance d'une Opinion publique intelligente, les mesures convenables pour entrer en Unité, sachez que la Russie grandit pour vous y mettre un jour....

IV.

Oui, la Russie qui possède sur un territoire sans bornes des ressources immenses dont l'exploitation est à peine entamée, la Russie, dans la haute histoire du développement social, n'est autre chose que l'*Armée de réserve de l'Unité*: et l'on peut dès maintenant assigner le jour où elle sera maîtresse de l'Europe et conséquemment du Monde, si l'Europe, avant que ce jour se lève, ne s'est pas constituée en Unité par acte de liberté et d'intelligence.

Quoique son développement interne soit plus que suffisant pour lui assurer une force irrésistible, cette Puissance a tant de sève que toujours elle conquiert, que toujours elle étend ses frontières. Tandis que les autres Nations européennes ont atteint leur apogée en tant que nations civilisées, et ne peuvent que retomber et s'affaiblir si elles ne parviennent pas à sortir de l'état d'incohérence, la Russie, elle, est en pleine voie d'ascendance. Et sur quelle base repose-t-elle et avec quelle vigueur ne s'élève-t-elle pas! L'accroissement de population nous débilite, nous étouffe, nous tue; il multiplie, dans une progression puissancielle énorme, la force de cet Empire qui dans cent années nourrira sur ses steppes sans horizon des centaines de millions d'habitants ! Les progrès de notre industrie, déjà trop serrée pour son organisation vicieuse, nous obsèdent, nous encombrent de pauvres et de prolétaires, et recrutent, par la faim, des soldats pour des Révolutions prochaines ; en Russie ces progrès créent un travail fécond qui, pendant longues années encore, aura pour effet d'enrichir et d'émanciper les Serfs. En un mot, tandis que la division, la haine, la révolte déchirent les flancs de nos vieilles civilisations travaillées par l'esprit démagogique, la Russie tout en marchant à pas de géant dans la carrière de l'industrie, tout en développant largement sur son sol les bons éléments de la Civilisation, se maintient dans une Unité puissante qui fait sa force présente et qui lui prépare un avenir inouï.

Dans ce vaste Empire on ne connaît qu'une volonté, gage de l'unité politique et de l'unité religieuse de la race slave ; et cette volonté, qui est exécutée avec amour, avec vénération, des bords de la Baltique aux rives de la Caspienne, c'est, après tout, la volonté la plus patriotique, la plus éclairée, la plus prévoyante de tout l'Empire, c'est la Pensée nationale par excellence, c'est cette *Pensée impériale* aussi grande que calme et continue, laquelle, depuis trois cents ans, pétrit les hordes sauvages du Nord de l'Europe et de l'Asie, en fait un grand Peuple, et conduit patiemment ce grand Peuple à sa Destinée.

C'est fort à tort que notre libéralisme (étonnant libéralisme !) espère et compte que la Russie se laissera pénétrer par l'esprit démagogique et *que ce dissolvant la divisera.* Malgré la marche rapide qui le distingue de l'immense Empire chinois, l'Empire russe est autant à l'abri des révolutions que celui-là, qui se maintient depuis trois mille ans sans secousses intérieures. De même que le premier, en effet, l'Empire russe possède *le Talisman qui garantit la stabilité d'un État.* Ce Talisman, c'est une institution qui tend à réa-

liser une des deux grandes conditions de la parfaite organisation sociale : c'est l'institution du *Mandarinat* ou *de la
Noblesse-accessible*.

Dans ces contrées qui se dégagent rapidement de la Barbarie et de la Sauvagerie, grâce à l'action du Gouvernement
*le plus légitime qui se soit jamais trouvé jusqu'ici à la tête
d'aucun peuple du monde* (1), la Noblesse est ouverte
à toutes les supériorités. Quiconque se distingue par des talents, par des services rendus à l'État, dans les armées, dans
l'administration, dans les sciences, entre de plain-pied dans
la Noblesse; la *Notabilité* dans l'industrie, dans le commerce
même en ouvre les portes (2).

Non-seulement, en Russie, la *Noblesse se gagne*, mais
encore *elle se perd*. Les familles ne la conservent qu'à certaines conditions de conduite et de services rendus à l'État.

Une pareille institution, on le comprend de reste, lie continuellement le présent au passé; elle ne permet pas à la division de s'introduire dans le corps de l'État. Pourquoi l'esprit
révolutionnaire a-t-il éclaté chez nous, rompu le lien social
et brisé la constitution de la société française? — Parce
qu'un privilége féodal, aussi inintelligent dans son étroitesse
qu'odieux dans son égoïsme, y tenait en dehors de l'ordre politique, de la Hiérarchie sociale tous les éléments capables,
utiles, vigoureux, qui se développaient au sein de la Nation?
La Noblesse-féodale, en France, n'était comme elle est encore en Angleterre, en Irlande, etc., que la continuation de

---

(1) Ne nous arrêtons pas à expliquer cette proposition tout-à-fait
incidente dans notre sujet. Cet écrit ne s'adresse qu'aux intelligences
placées dans une sphère assez élevée et suffisamment dégagée des vapeurs fuligineuses de la politique vulgaire, pour comprendre que la
proposition est démontrée par les dix mots qui la précèdent. Nous
sommes prêt d'ailleurs à développer la preuve, si on la demande; et nous
prétendrions l'appuyer sur des principes quelque peu plus libéraux que
ceux du libéralisme et du démocratisme courants.

(2) L'empereur Nicolas, qui est en ce moment *le plus progressif des
Gouvernements de l'Europe* (qu'on nous pardonne la singularité de l'expression) a consacré récemment ce grand fait politique par un oukase.

la conquête; elle séparait la Nation en deux peuples, le vainqueur et le vaincu. En Russie il n'y a pas de race conquise ni de race conquérante, de Gaulois et de Francs, de Saxons et de Normands, il n'y a que la race Slave; et le système de la Noblesse-accessible, consacrant incessamment toutes les supériorités *de fait*, attache à la constitution politique tous ces *éléments nouveaux* dont l'accumulation a dû renverser chez nous l'ancien régime.

L'Empire russe marche donc à un état de grandeur, de solidité et de force, dont le souvenir de l'Empire romain lui-même, dans sa plus grande gloire, ne donnerait qu'une idée fausse et incomplète.

Or, c'est une Loi inévitable, fatale, que les Civilisations des latitudes méridionales de l'Europe ou de l'Asie, *quand elles se corrompent et se dissolvent*, appellent l'invasion des Peuples du Nord. Il ne peut donc faire de doute que, si l'Europe ne s'ouvre pas des Destinées nouvelles en prenant une Organisation nouvelle, en passant à l'Unité, il ne peut faire de doute que l'Europe ne tombe un jour sous l'autorité de la Russie.

Ce pronostic d'une invasion des Peuples du Nord dans les contrées du Sud n'est pas nouveau. L'histoire et l'analogie ont mis plus d'un penseur sur la voie de cet évènement futur; la Prusse, l'Autriche, l'Angleterre, la France même sentent qu'il s'amasse au Nord une formidable avalanche, et la Civilisation morcelée qui s'est formée au midi de l'Europe sur les ruines de l'Empire romain se prend à frémir en rapprochant le souvenir de l'ancien Germain de l'aspect actuel du Slave.

Mais ce qui doit frapper aujourd'hui celui qui, sans laisser de côté l'importante question des Nationalités, subordonne néanmoins celle-ci, comme il en doit être, à la question de l'Humanité, c'est que, cette fois, la Civilisation vieillie du Sud ne serait plus battue et détruite par des flots tumultueux de Barbares; elle serait au contraire régulièrement conquise, mise à la raison et à l'ordre par une Civilisation plus jeune et plus robuste, qui lui imposerait l'Unité, et la lancerait forcément dans la voie des Destinées heureuses. Ce grand Évènement, loin d'être un retour à la Barbarie, serait le dénouement des époques Barbares, et le suicide de la guerre. Ce serait un grand viol, mais le dernier des viols, un viol suivi de fécondité, et qui amènerait l'amour.

Que la Raison européenne, guidée par le Génie de la France, dénoue donc elle-même le drame terrible et sanglant du passé, et nous conduise à l'Unité par l'Intelligence et par la Liberté, avant qu'IL DEVIENNE LÉGITIME à la Russie de nous y ranger par la Conquête.

Le coup d'œil que nous venons de jeter sur l'irrésistible développement de cette Puissance, qui, s'appuyant en Europe, en Asie et en Amérique (1) contre les glaces polaires, descend déjà vers l'Équateur jusqu'au 40ᵉ degré par-delà la barrière du Caucase, prouve invinciblement que l'Unité du Genre Humain n'est pas seulement une aspiration contingente du sens philosophique et religieux le plus élevé, mais qu'elle est une *inexorable volonté* de Dieu. Dès le jour où il sème les peuples sur la terre, Dieu les appelle à l'Unité par l'attraction, par la voix de leurs propres intérêts, par la voix de leur raison grandissante. Tardent-ils à se rendre à l'attrait, sacrifient-ils trop longtemps à la guerre? Dieu a déposé dans la guerre elle-même la force qui contraindra les rebelles.

---

(1) Est-ce sans aucune raison, est-ce sans une profonde pensée d'avenir que la Russie, qui pourrait s'emparer de terres plus favorisées du ciel, fait sans bruit des établissements dans le nord de l'Amérique, et a déjà imposé son nom à ces vastes provinces qui s'étendent du Détroit de Béring jusqu'au 55ᵉ degré? Si la Russie ne se préparait pas, contre le pôle, une inattaquable base d'opération pour la conquête du monde, sa Politique serait extravagante; Or la Politique russe n'est rien moins qu'extravagante.

V.

Eh, chose admirable! l'Angleterre, cette égoïste Angleterre, dont la Politique mercantile éterniserait volontiers la
Babel humaine dans le but d'exploiter les Peuples ; cette Angleterre qui a fait effort de toute la puissance de sa cupidité commerciale contre les tendances des Nations à l'Unité,
eh bien ! il se trouve qu'elle a travaillé à l'accomplissement de
cette Unité, en proportion même de l'énergie de sa cupidité...
Grâces soient rendues à l'activité cupide, à l'ambition mercantile de l'Angleterre! car si la Sauvagerie et la Barbarie
disparaissent rapidement de toutes les régions du globe,
c'est que les vaisseaux des marchands anglais apportent incessamment les germes douloureux, mais féconds, de la Civilisation sur toutes les plages! L'activité cupide de l'Angleterre a conquis à l'industrie, en quelques générations, l'Amérique septentrionale, le vaste empire de l'Inde ; elle y conquiert maintenant la Nouvelle-Hollande, la Nouvelle-Zélande
et les archipels de l'Océanie. Si l'espèce humaine marche à
l'homogénéité sur tous les points du globe, si l'on commence
à se faire entendre avec une langue sur toutes les côtes des
deux hémisphères, n'est-ce pas à l'activité cupide de l'Angleterre qu'il faut en bonne partie rapporter ces grands résultats?—Vous voyez bien, Anglais, que la Destinée est plus
forte que vous, et qu'elle vous emploie, quoi que vous fassiez,
au service de l'Unité et de l'Humanité.

Il est curieux de voir comment l'Angleterre est poussée
à sa mission. Ayant assis sa Politique sur l'égoïsme mercantile, elle ne peut conserver que par la force les possessions qu'elle exploite à l'extérieur. Or, sa force étant force
maritime, il arrive que ses établissements continentaux ne
peuvent atteindre un certain degré de prospérité sans se
dégager de sa domination par leur propre force, ou sans

lui être ravis par une Puissance continentale. Elle est donc contrainte de fonder toujours de nouveaux établissements, de créer sans cesse de nouvelles colonies pour assurer à son industrie des fournitures de matières premières et des débouchés. C'est ainsi que, chassée de l'Amérique du Nord par les Provinces-Unies et bientôt par le Canada, elle reporte son activité sur l'Inde ; et que, menacée par la Russie dans ces vastes contrées, elle a déjà commencé la conquête industrielle de l'Australie et de la Polynésie ! Voilà comment l'Angleterre est condamnée à porter successivement, et sans pouvoir s'arrêter jamais, la Civilisation dans toutes les parties du Monde.

C'est d'ailleurs l'Angleterre qui a surtout mis en œuvre les découvertes des sciences, la grande mécanique, et particulièrement ces Moteurs à feu qui sont la grosse artillerie de l'Industrie moderne et de la Paix. Qu'elle ait donc sa part de gloire au triomphe définitif que le Génie du Travail remportera sur le Génie de la Destruction dans un temps que l'on peut dès aujourd'hui calculer. Oui, *que l'on peut calculer*, car la progression du mouvement, dont les cent dernières années donnent la loi d'accélération, fixe l'époque peu éloignée où l'Industrie aura établi sa domination sur toutes les terres de la Planète, — sauf le centre de l'Afrique où la Sauvagerie restera bloquée tant qu'elle n'y sera pas attaquée par les moyens, aussi humains qu'énergiques, que le Gouvernement d'Unité est seul en mesure de fournir.

VI.

Ainsi, tout ce qui est grand est poussé à l'Unité par sa propre grandeur, les Grandes Nations comme les Grands Hommes.

Eh ! à quel titre ont été grands les Grands Hommes acceptés pour tels par l'Humanité ? Les Grands Hommes ne sont-ils pas ceux-là, et ceux-là seuls, que leur génie a emportés

d ıns la voie de l'Unité? Ne sont-ce pas ces Législateurs, ces
Prophètes et ces Guerriers qui ont dégrossi les premiers
matériaux de l'Unité humaine en fondant des Nations et en
développant des Peuples, là où il n'y avait que des hordes et
des peuplades? Ne sont-ce pas, dans un autre ordre, ces hautes intelligences spéculatives, ces Pythagore, ces Keppler,
ces Newton qui, élargissant la pensée de l'Humanité et y faisant descendre un grand flot de lumière, lui ont révélé l'U-
nité cosmogonique du Monde? Et ce Christophe Colomb,
qui lui a fait connaître, dans son Unité géographique, le
grand et beau Royaume dont elle a reçu de Dieu l'investi-
ture? Ne sont-ce pas enfin ces quatre Conquérants, Alexandre, César, Charlemagne et Napoléon, qui se sont, à diverses
époques, élancés à la conquête de l'Unité, et qui, s'ils n'ont
pas atteint le but, ont du moins préparé la voie en mélan-
geant les Idées et les Peuples? Malgré les déclamations d'une
philosophie qui n'a vu qu'une face des choses, faute de s'être
placée haut, ces Conquérants sont restés en possession de
l'admiration des peuples, même des vaincus. En Allemagne,
en Italie, en Espagne, jusques en Égypte, nous dirions presque en Angleterre, le nom de Napoléon est aussi populaire
aujourd'hui qu'il l'est en France. Malgré la haine dont il
était couvert dans chacune de ces Nations au temps
des conquêtes du grand Empereur, ce nom glorieux établit
après vingt-cinq années (qui l'eût cru?) une communion
de sentiment, un ralliement puissant entre ces Nations et la
France! — Et pourquoi cela?— Parce que, tout en appar-
tenant à un Peuple, un Grand Homme appartient d'abord
à l'Humanité, et que l'Humanité toujours le revendique;
ensuite, parce que les Peuples comprennent ou pressentent,
quand leurs blessures sont cicatrisées, que, tout en subissant
dans ce qu'elle avait de subversif la loi de son époque, le
Grand Homme n'en allait pas moins de toute sa puissance et
de tout son génie au But de la Destinée humaine.

Cet instinct de l'Humanité est admirable! Il est des phi-

Cet instinct de l'Humanité est admirable ! Il est des philosophes qui croient, comme il peut être permis au poëte seulement de le dire, que le peuple

. . . . , . ne se souvient que de l'homme qui tue
Avec le sabre ou le canon,
Et n'aime que le bras qui dans les champs humides
Par milliers fait pourrir ses os.

Ils croient que c'est le Génie odieux de la Destruction et de la Guerre que les Peuples déifient stupidement en élevant des autels à ces grands noms ! Quelle erreur ! Est-ce que l'Humanité se trompe dans ses tendances *collectives ?* Est-ce que l'Humanité a jamais eu des autels pour les Attila, les Tamerlan, les Gengis-Kan, qui, eux aussi, étaient de grands et de terribles Conquérants ? Non certes : elle enregistre avec gloire dans ses fastes, non *parce que*, mais *quoique* Hommes de Guerre, ces Conquérants qui ont marché vers la Destinée, les Conquérants *fondateurs*, les Conquérants *civilisateurs*, les Conquérants *unitarisateurs* (1), tandis qu'elle frémit d'horreur au nom des Conquérants *dévastateurs* et *barbares*. Ce n'est pas l'Epée du grand homme que l'Humanité salue, c'est le Génie qui tient et qui conduit l'Epée.

Et voyez ! tandis qu'elle admire ses grands hommes, elle adore Jésus. Et pourquoi l'Humanité a-t-elle reconnu avec raison dans Jésus l'incarnation de la Divinité sur la Terre ? C'est parce que Jésus a fait entendre à la Terre le Verbe pur de sa Destinée en lui ordonnant de fonder son Unité sur l'Association, sur la Liberté, sur l'Amour.

Restez donc Grands Hommes, vous, Dompteurs de Nations, qui avez marché à l'Unité en montant le terrible Dé-

---

(1) Il faut assurément que nous demandions pardon pour cette expression ; mais en même temps nous émettrons le désir que les nations *civilisées* se dégagent assez vite des vieilles idées *barbares*, pour que le mot *unitariser* et tous ceux de sa famille cessent bientôt d'être des *barbarismes.*

5*

mon des Batailles ; tandis que Toi, qui es descendu sur la Terre pour nous enseigner que l'Unité devait être recherchée et réalisée par l'Amour, Toi, ô Christ! tu resteras Dieu.

Mais nous compromettons notre thèse. Ceux qui s'appellent les *Politiques positifs* n'aiment ordinairement pas les démonstrations tirées des hautes sphères, et l'on court risque de gâter auprès d'eux le système le plus pratique, en leur montrant qu'il s'allie à des considérations générales et synthétiques sur la Destinée de l'Humanité. A force de se traîner à terre, la Politique s'est habituée à regarder comme chimérique, comme utopique, tout ce qui est élevé; et la première condition pour qu'une proposition paraisse, à beaucoup de gens, digne d'être prise en considération, c'est qu'elle soit d'abord bien et dûment étroite et mesquine.

Pourtant, malgré la grandeur et la beauté du rôle que nous croyons la France appelée à jouer aujourd'hui en Europe, nous pensons avoir démontré, dans le courant de cet écrit, que ce rôle est possible, qu'il est commandé par les faits contemporains, et enfin, qu'il n'est pas moins conforme aux intérêts les plus positifs de la France qu'à ses instincts généreux, qu'à son Génie éminemment initiateur et social. C'est ce que nous achèverons de mettre en lumière dans le chapitre suivant.

CHAPITRE IVᵉ.

Du Caractère et des Intérêts de la France,

I. Une Politique *nationale* doit être l'expression et le développement du *caractère* et des *intérêts* de la Nation. — II. La Politique proposée est-elle l'expression du *caractère* national français? — III. Est-elle conforme aux *intérêts* de la France ? — IV. Fausseté de l'application actuelle de l'ancien Principe diplomatique ; fausseté de l'ancien principe de la Politique commerciale. — *Si vis pacem para pacem*, — V. Théorie générale et positive de la Politique commerciale : Examen critique de la Protection *indirecte* ; Système de la Protection *directe*.

I.

Nous avons constaté que l'Angleterre est gouvernée par une Politique *anglaise*, c'est-à-dire par une Politique suivie, nationale, qui rallie tous les partis en les dominant, et qui n'est pas compromise dans ce pays par des revirements de Cabinet, par les triomphes alternatifs des Wighs ou des Tories.

Nous avons constaté que la Russie a de même une Politique *russe*, qu'elle poursuit depuis trois siècles un But déterminé, sans que les révolutions de palais, les conspirations, les assassinats du Souverain aient jamais compromis et puissent même compromettre jamais la marche de cette Politique qui avance toujours vers le But national.

Nous avons démontré enfin que la France doit, elle aussi, sous peine de déchoir infailliblement et rapidement peut-être de son rang de grande Nation, *avoir et manifester une volonté déterminée*, une Politique *française*, qu'elle doit se concevoir clairement un But fixe à atteindre et savoir positivement quel rôle il lui convient de jouer sur le théâtre de la Civilisation européenne, sur la scène du Monde.

Or, une Politique nationale devant, avant tout, reposer sur les INTÉRÊTS et sur le CARACTÈRE PROPRE d'une Nation, toute la question se réduit à savoir si la Politique que nous avons signalée comme pouvant et comme devant être la Politique *française*, est réellement l'expression des Intérêts de la France et du Caractère de sa Nationalité.

II.

Cette Politique, dont nous avons montré les moyens d'exécution dans le développement d'un fait existant, d'un usage établi, dans la multiplication des *solutions unitaires* de toutes les questions politiques, commerciales, industrielles, etc., qui peuvent être soumises à des Congrès généraux et en motiver la provocation ; cette Politique, qui se définit par son but : *La fondation de la Paix générale et de l'Association des Nations*, est-elle conforme au Caractère de la France ? — Oui, répondons-nous hautement, cette Politique est Conforme au caractère national de la France.

L'esprit de Domination et de Conquête n'est plus l'esprit de la France. La France veut la Liberté, le Développement et la Fraternité des Peuples, elle ne veut pas leur Oppression ; ceux même de ses enfants qui se sont rangés sous le drapeau de la Guerre ne veulent la Guerre que parce qu'ils croient que c'est *avec son Epée* que la France doit fonder la Fédération des Nations et appeler tous les Peuples à l'Unité.

Si le Français est le peuple le plus *militaire* de l'Europe, il en est en même temps le plus *sociable*, et il n'y a pas de contradiction dans ces qualités ; loin de là. Ce n'est pas, en effet, un stupide amour pour la destruction et le carnage, ce ne sont point non plus des passions égoïstes ou ambitieuses qui font la puissance et la beauté du Français sur les champs de bataille ; non : sa valeur militaire vient directement de la richesse et de la noblesse de son caractère, de son amour pour le Mouvement, pour la Gloire, pour les

Grandes choses, de sa capacité pour l'Honneur et pour l'Enthousiasme, de son Esprit de Corps, de la disposition naturelle de l'individu à prendre le Ton de la Masse, de la facilité chevaleresque avec laquelle il se plaît à s'exposer au danger devant la Masse, enfin du plaisir tout-puissant et passionné qu'il éprouve à se dévouer pour elle. Toutes ces qualités sont *sociales, éminemment sociales :* et ce sont elles qui font du Français le peuple, non pas le plus brave (presque toutes les armées de l'Europe sont également braves), non pas le plus froid dans le danger, non pas le plus sûr dans les revers; mais le plus actif, le plus intrépide, le plus gai, le plus audacieux, le plus passionné et par conséquent le plus brillant sur les champs de bataille; le peuple enfin qui, toutes conditions égales, bat naturellement les autres et est assuré de les battre quand il est bien conduit.

Non ! aucune Nation ne peut être comparée à la Nation française pour la sociabilité, pour le cosmopolitisme, pour la générosité politique, pour la libéralité envers les autres Peuples, pour la facilité à se lier avec eux, et pour ce Besoin de Justice et d'Humanité qui la presse de s'élancer au secours du faible, de l'opprimé, de toute Nation qui lutte pour sa Nationalité, pour sa Liberté ! Cherchez donc chez l'Espagnol, chez l'Italien, chez le Germain (sans parler du Russe qui se dégage à peine de la Barbarie, sans parler, bien entendu, de l'Anglais), cherchez donc sur une autre terre que la noble terre de France cette vive, cette bouillante sympathie pour la cause des autres Peuples, cette magnifique Passion de dévouement dont l'expansion libre et sans règle irait certainement jusqu'au Donquichotisme social!...

En vérité ! chez quel Peuple de la terre a-t-on déjà vu que la plus grande difficulté d'un Gouvernement ait été de lutter contre l'expansion d'un sentiment semblable? Peut-on citer quelque part sur le globe un Gouvernement qui ait accumulé sur sa tête les plus violentes haines et qui ait failli dix fois périr violemment pour s'être opposé à ce que la Nation allât prodiguer ses ressources, son argent, son sang sur les champs de bataille, et affrontât les chances terribles d'une guerre gigantesque? et ce sang, et ces chances, et ces guerres, non pas dans un but de Domination et de Conquête, mais dans le but de voler au secours des Peuples qui combattaient pour leur Indépendance, et de favoriser chez tous les autres les instincts de la Liberté? Non, non! Les autres Peuples ont des qualités, des qualités précieuses, des qualités solides, ils ont des qualités que nous n'avons pas. Tous sont essentiellement BONS dans l'Humanité et pour l'Humanité; mais le Français seul fait par Caractère, par ardent Dévouement, par PASSION ardente, ce qu'aucun autre n'a encore fait *comme nation*, et ce que les autres ne pratiquent *comme individus* que par bienveillance ou par devoir.

Et c'est pour cela que la France, — malgré sa turbulence, malgré les extravagances de ses partis, malgré la folle présomption qui s'y est développée dans les ambitions individuelles, malgré l'esprit d'insubordination, de dénigrement, de tracasserie, de jalousie, de haine, que lui ont inoculé ses détestables luttes intestines et qui dégrade, il faut avoir le patriotique et religieux courage de le dire très haut, la noblesse native de son caractère; — c'est pour cela que la France, malgré ses travers actuels, est toujours la Grande Nation, la Nation initiatrice, et que les Nations ses sœurs la voient irrésistiblement briller au milieu d'elles comme l'Étoile de l'Espérance, comme l'Étoile de l'Avenir et de l'Humanité;

Et c'est pour cela que la *Politique de l'Humanité* est certainement la vraie *Politique nationale* de la France.

III.

Quant à la question des *intérêts* de la France, il nous est permis de dire qu'elle est tranchée par la solution qui précède. En effet, toute autre Politique que celle qui est capable de donner satisfaction 'et développement au caractère national et que ce caractère exige impérieusement, toute autre Politique ne saurait avoir de fixité, de durée, d'avenir. Toute Politique qui contrariera la Nation dans ses instincts, dans ses sentiments les plus élevés, dans les nobles tendances qui constituent plus spécialement sa Nationalité et son Génie, sera toujours attaquée, toujours faible, toujours chancelante; elle provoquera incessamment et justement les haines et les colères, et amassera les ouragans et les tempêtes. Enfin, si elle était assez forte pour s'imposer et durer, ce serait déjà un bien triste signe de déclin, ce serait la réduction du Génie national en esclavage, ce serait une chute fatale sur cette pente rapide des dégradations et des dégénérescences, qui précipite vers l'anéantissement les Sociétés corrompues.

La question des *intérêts* est donc résolue, résolue *à priori*, sans réplique et de haut. Mais, d'ailleurs, s'il y a au monde une proposition évidente par elle-même quand on consent à y réfléchir, et si le lecteur a accordé quelque chose à la doctrine de cet écrit, c'est assurément que l'établissement de la Paix et de l'Association des Nations est précisément l'expression la plus large, la plus complète, l'expression synthétique, en un mot, des intérêts réels et vitaux de tous les Peuples. L'Angleterre elle-même, que la pente de sa Politique mercantile rend la plus impropre de toutes à concevoir et à désirer l'État d'Unité, l'Angleterre bondirait de joie dans sa cupidité (et à Dieu ne plaise que nous entendions dire par là que l'essor du caractère anglais soit enfermé dans une semblable sphère!), l'Angleterre bondirait de joie dans sa cupidité à l'aspect des immenses richesses dont l'Unité couvrirait la terre et de la copieuse part que son activité puissante y saurait bien et légitimement recueillir.

Quant à la France, qui, Dieu merci, ne songe plus à conquérir ses voisins, qui songe encore moins à les exploiter,

l'intérêt qu'elle a à la réalisation de l'Unité, l'intérêt qu'elle
a particulièrement à marcher en tête du magnifique mouvement européen d'où ce grand fait doit sortir, ont été mis,
ce nous semble, hors de contestation dans cet écrit.

IV.

Longtemps il a été de principe dans la Politique des Alliances, que l'on ne devait pas les chercher *chez ses voisins;*
qu'il n'était de bonnes alliances qu'entre peuples *séparés par*
un ennemi commun. L'empire des formules et la routine des
vieilles idées sont si puissants dans ce siècle (dont le plus
grand préjugé est de se croire affranchi de préjugés), que
l'on construit encore aujourd'hui sur cet axiôme, et avec le
plus naïf aplomb, des Systèmes de Politique pour l'édification
du public et pour l'usage de la France. Il est vrai que, sans
savoir encore réfuter ces beaux Systèmes par des principes,
l'instinct du pays leur est généralement contraire.

Eh! comment ne s'aperçoit-on pas que cette Politique,
dont nous désignerons le principe par le mot de *Coalition*
à distance, était imposée aux Nations quand la Guerre et la
Conquête étaient le mobile de leur Activité; mais qu'un pareil principe n'a plus rien de commun avec la Politique ra-
tionnelle et réelle des Nations de ce temps-ci? En effet, grâce
au développement de leur activité industrieuse et productive,
celles-ci n'ont plus à se *coaliser* les unes contre les autres pour
se *conquérir,* mais à s'*allier* pour échanger leurs produits et
multiplier leurs forces de création, leurs moyens de bien-
être, de vie, de liberté, d'expansion et de perfectionnement
social. Donnez-vous donc garde, beaux Politiques qui nous
présentez vos théories, que nous sommes au milieu du dix-
neuvième siècle, et n'oubliez pas que depuis deux cents ans
il s'est passé sous le soleil des choses dont vous ne sauriez
pourtant pas être tout-à-fait dispensés de tenir compte.

Quand tous les voisins étaient naturellement *ennemis*,
certes il convenait de chercher ses alliés au-delà de ses voisins; mais quand les voisins ont tout intérêt à être *amis*, on
ne voit pas pourquoi, au lieu de nouer entre eux de bienfaisantes Alliances, ils devraient se plaire à se rendre ennemis
en usant du système des *Coalitions à distance* , système impropre à leurs intérêts d'amitié, puisqu'il était fait pour leurs
intérêts d'hostilité.—Ne ferait-on pas mieux de ne pas parler théories et principes politiques, quand on ne connaît rien
ni aux principes ni aux lois qui en règlent scientifiquement,
c'est-à-dire positivement les applications?

Ce que la France doit faire c'est de multiplier ses communications, ses liens, ses rapports avec les Nations voisines.
Plus de prohibitions! plus de tarifs! plus de douanes sur vos
frontières, Nations civilisées! Renversons les barrières qui
nous séparent, licencions ces légions improductives de doua-
niers qui les gardent, et renvoyons ces bras robustes à l'a-
griculture, aux ateliers, ou formons-en nos premiers Corps
d'Armées industrielles organisées pour l'exécution des
grands Travaux d'Utilité publique!

Mais, s'écrie-t-on dans cette Nation et dans cette autre, et
dans cette autre encore : « Voici que telle industrie va être
« compromise; voici que telle industrie va périr, car nous
« ne sommes pas en condition de rivaliser sur notre sol, pour
« tel produit, contre telle Nation. » Cette industrie va donc
périr! Eh bien! que voyez-vous de mal à cela? Cette industrie ne peut pas vivre par sa propre force sur votre sol, elle
y va périr par la liberté, tant mieux! tant mieux! qu'elle
y périsse!

Eh! malheureux qui accusez sans cesse Dieu et la Nature
quand vous ne devriez accuser que votre impéritie et vos
égoïstes et mesquins Systèmes, croyez-vous que Dieu qui
vous a envoyés sur ce Monde non pas, sans doute, pour que
vous y éternisassiez les mœurs de votre passé, car c'eût été

bien assez pour cet objet des lions, des tigres et des hyè-
nes; croyez-vous que Dieu vous ait fait pour rien une zone
torride, une zone tempérée et une zone glaciale? Est-ce sans
raisons que sur toute la surface du Domaine qu'il vous a
confié, il a varié avec tant de contrastes les climats, les so-
leils, les terres et leurs innombrables productions animales
et végétales? qu'il a distribué les richesses minérales çà et
là dans l'écorce du globe : ici le sel, là le charbon; ici l'or,
ici le platine; en d'autres lieux le soufre, en d'autres lieux le
plomb, l'argent et le cuivre; en d'autres le mercure ou l'é-
tain? — Telle contrée devra sa richesse à ses vins fameux ;
telle à ses oliviers et à ses orangers; telle à ses pâturages ;
telle à son minerai; et ainsi chaque province aura besoin des
autres provinces, et chaque peuple des autres peuples, et
chaque climat, chaque continent, chaque zone, échangera
ses productions contre les productions des autres climats,
des autres continents, des autres zones : voilà l'ordre de la
Nature ou la volonté de Dieu qui a destiné le Globe à la
culture générale et non à la *dévastation*, l'Humanité à l'U-
nité et non au *Morcellement* et à la *Guerre*.

Pour que l'Humanité vive, il faut que son sang circule :
le premier principe de la société des Peuples, aussi
bien que de celle des personnes, c'est que l'individu ne
puisse pas se suffire à soi-même. La Philosophie et la
Politique ont rêvé comme un *parfait idéal* un Peuple qui
produirait tout ce qui lui serait nécessaire, tout ce qu'il con-
sommerait. Ce bel idéal n'est qu'une conception de sauvagerie, et sa réalisation avec des industrieux serait une mons-
truosité. Il n'y a pas de *Peuple* si les individus vivent dans
l'isolement, il n'y a pas d'*Humanité* si les Peuples restent
dans la solitude.

Que, dans les époques guerrières, chaque État veuille produire chez lui tout ce qui est nécessaire à sa vie et à sa défense, qu'il s'environne d'un triple rempart de douanes, qu'il
développe artificiellement et à grand prix sur son sol des

industries que la concurrence extérieure n'y eût pas souf-
fertes, cela se conçoit ; c'est un loi que la Nécessité de ces
temps impose. Mais, comme nous l'avons dit au sujet des
Coalitions à distance, la mesure qui est exigée par le Système guerrier est, par cela même, défavorable à l'établissement du Système pacifique. Or, comme il importe que ce
dernier triomphe, au lieu de maintenir à grand effort toutes ces dispositions qui convenant à la guerre, rendent les
Nations plus propres à la faire, il faut les user au plus
vite.

Si vis pacem, para bellum, a-t-on dit pendant longtemps
avec raison aux Nationalités divergentes, et la Politique de
cette maxime ne pouvait donner qu'une paix incertaine et précaire. Si vis pacem, para pacem! telle doit être aujour-
d'hui la devise de l'Humanité; car le temps est venu de
constituer enfin la Paix générale sur une base inébranlable.
— Hommes d'État de l'Europe civilisée, de l'Europe chrétienne, travaillez désormais, dans les conditions d'une application sage, prudente, progressive, à rendre partout la
Guerre impossible; tel est l'intérêt des Peuples, telle est
votre mission et tel votre devoir.

V.

Quelles erreurs puériles et funestes ne s'abritent encore
pas, à l'heure qu'il est, sous l'aile des Systèmes fiscaux dits
protecteurs au nom desquels les États, toujours environnés des
vieilles barrières féodales, maintiennent entre eux la permanence de la guerre industrielle! Cette question se lie trop
intimement à notre sujet pour que nous puissions nous dispenser d'y donner un coup d'œil.

Une Nation est une Unité. Voilà le principe absolu, des-
potique, qui s'impose à l'étude des faits de l'économie politique ou des intérêts industriels et commerciaux d'une Nation.

Si l'on ne subordonne pas tous les calculs à ce principe, si l'on ne rapporte pas toutes les études de détail à ce chef, les analyses partielles auront beau être excellentes, elles ne formeront qu'un inextricable chaos, un amas incohérent de contradictions, au lieu de composer un sens général, un ensemble synthétique, un Système. C'est ainsi que cent musiciens exécutant parfaitement leur partie chacun, ne produiront qu'une affreuse cacophonie s'ils ne se rallient pas à la baguette du chef de l'orchestre, au *principe de l'Unité du Concert.*

Or, comment a-t-on procédé jusqu'ici dans la plupart des écrits, dans les Commissions, dans les Chambres, dans les Enquêtes, quand on a voulu rechercher les éléments d'un Système réglant le régime des importations et des exportations? On a appelé les différents intérêts à comparaître ; on a écouté les réclamations, les récriminations, les plaidoyers des différentes industries. C'était très bien ; mais à la suite de *l'instruction des faits* il n'y a pas eu de *jugement,* parce que l'on n'a pas eu de *criterium,* parce que l'on n'a pas su invoquer la raison d'État, la raison d'Unité. Aussi, en lieu et place d'un Système, dominant désormais la matière et la gouvernant par des principes certains, il n'est sorti de tous ces travaux que des contradictions et des aveux d'impuissance! L'intelligence la plus habile de l'époque, la plus remarquable par son activité, par sa facilité, par sa prestesse, a été réduite à consacrer solennellement ce fait à la Tribune nationale (1): Rien n'est fixé, rien n'est établi.

Si la raison d'Unité était posée, comme cela doit être, de manière à exercer sur la question une domination absolue, elle y jetterait la plus vive lumière. Chaque industrie, en effet, au lieu d'avoir à batailler, à récriminer contre telle ou

(1) Aux aveux de M. Thiers il faut joindre ceux de M. Duchâtel et l'incertitude de tous les différents Ministres du Commerce, dont les noms sont de moindre poids.

telle autre, aurait à s'expliquer directement devant l'Intérêt national, qui la jugerait d'après les règles suivantes, immédiatement tirées du principe de l'*Unité* de la Nation :

En Principe fondamental :

La Nation, étant une Unité, doit s'abstenir de protéger toute branche d'activité dont elle ne recueille pas ou ne doit pas recueillir des avantages supérieurs aux frais que lui coûterait la Protection.

En Thèse particulière ;

Une industrie qui ne peut pas trouver dans les conditions mêmes de son exploitation sur le sol national, des forces suffisantes pour arriver à livrer ses produits au prix du marché étranger, augmenté des frais de transport et des bénéfices intermédiaires, cette industrie, quand elle est protégée par un tarif, coûte à la Nation :

1° La différence entre le prix élevé auquel le tarif tient le produit, et le prix inférieur auquel la fabrication étrangère le livrerait aux consommateurs nationaux ;

2° La différence entre le produit des capitaux, des bras et de l'activité absorbés par cette industrie, et le produit de ces mêmes éléments engagés dans une branche placée sur le sol national dans de meilleures conditions naturelles ;

3° Les privations que le haut prix du produit fait éprouver à tous les consommateurs qui n'y peuvent pas atteindre ;

4° Le préjudice porté au commerce intérieur par la restriction des affaires, conséquence forcée de l'élévation du prix ;

5° Le préjudice porté à l'industrie des transports extérieurs, surtout à la marine marchande, laquelle serait anéantie si le Système *protecteur* atteignait parfaitement son but, c'est-à-dire si la Nation n'avait aucun produit à recevoir du dehors ;

6° Le préjudice *directement* porté, dans la plupart des cas, à une ou à plusieurs branches d'industrie, par le tarif qui en protège une autre ;

7° Le préjudice immense que le Système dit protecteur, en provoquant de la part des autres Nations une *réciprocité de prohibitions et de taxes*, porte à l'ensemble des industries vraiment nationales, aux sources naturelles de la richesse du pays, dignes de tout l'intérêt de l'État, précisément parce qu'elles n'ont pas besoin d' une protection ruineuse pour couler avec abondance. (Chose incroyable, que les industries vigoureuses soient toutes immolées aux industries débiles, rachitiques ou parasites !)

Enfin, et pivotalement, '

On reconnaîtrait que l'exercice de la Protection par la méthode des prohibitions ou des droits d'entrée, *tend à endormir le Progrès industriel*, et coûte en outre à l'Unité nationale :

1° En *Positif*, le Budget énorme payé par la Nation pour l'entretien de cette improductive Armée des Douanes, qui se développe sur trois rangs de profondeur tout le long de nos frontières et de nos côtes ;

2° En *Négatif*, la valeur (au moins égale à celle de ce Budget), qui serait créée par l'activité des membres de cette Armée s'ils étaient engagés dans des industries *productives*.

Mais ce qui domine la question de beaucoup plus haut encore, c'est l'immense intérêt qu'a la France, en sa qualité de Nation intelligente, industrieuse, et à laquelle la Paix importe souverainement, de donner à l'Europe l'exemple du *renversement des barrières* qui séparent les Peuples, de développer entre ceux-ci la mutualité et la solidarité, de créer enfin à chacun d'eux un tel besoin de tous les autres que l'*état de guerre devienne intolérable* sur le Continent civilisé.

Mais pourtant, il est des branches de production qui, déjà florissantes en d'autres pays, et pouvant le devenir en France, *ont absolument besoin de* PROTECTION pour y prendre racine.

Eh bien! que l'État les protège DIRECTEMENT, qu'il les fasse étudier à l'étranger par des Industriels habiles ou par ses propres Ingénieurs; qu'il distribue à ces industries des secours, qu'il leur alloue des primes d'encouragement! Est-il de l'intérêt national que telle industrie, à un titre quelconque, s'établisse sur le sol national?—Que l'État concoure aux frais d'établissement! rien n'est plus convenable; car c'est aux Nations surtout qu'il appartient de semer pour recueillir.

Secourez donc *directement* celles de vos jeunes industries qui ont de la santé et de l'avenir; mais gardez-vous bien d'empêcher la concurrence étrangère de les stimuler sans cesse sur le marché intérieur! gardez-vous de les protéger par un Système *ruineux pour la Nation* et qui les assoupit plus qu'il ne les fortifie!

Les mêmes principes s'appliquent aux industries qui sont indispensables à la Nation en temps de guerre, et qui périraient faute de protection en temps de paix; car s'il convient de travailler à détruire la guerre, il ne faut pas s'exposer à être détruit par elle. L'État entretient à ses frais une armée, il entretient à ses frais une marine militaire; qu'il entretienne donc à ses frais ou qu'il secoure de ses deniers, aussi longtemps que la guerre ne sera pas anéantie pour jamais, les industries dont ses arsenaux ne sauraient se passer.

Ce n'est pas ici le lieu de décrire en détail les avantages et l'*immense économie* du Système de la *protection directe*; mais en y regardant avec quelque attention et quelque intelligence, il sera facile à chacun de s'en rendre un compte exact.

De toutes ces considérations immédiatement déduites du Principe de l'*Unité de la Nation*, il sort donc un Système très net, très déterminé, qui se formule en ces mots :

PROTECTION DIRECTE; *abolition du vieux Système, du Système* barbare (1) *des tarifs, des prohibitions et des Douanes, Système aussi* ANTI-SOCIAL, *aussi* IMPOLITIQUE, *aussi* RUINEUX *qu'il est* VEXATOIRE.

Tel est le plan qui doit être adopté, proclamé, et à l'application MESURÉE SAGE et PROGRESSIVE duquel il appartient à un Gouvernement éclairé de procéder.

Mais, empressons-nous de le dire, le Principe de l'Unité de la Nation permet évidemment, et même ordonne d'entrer dans la voie nouvelle *sans sacrifier les droits acquis*, c'est-à-dire en INDEMNISANT les citoyens qui, sur la foi de l'ancien Système, ont créé des industries que le nouveau devrait laisser mourir. — Ces *indemnités* coûteraient peu

---

(1) Les systèmes de Douanes n'ont nullement été, dans l'origine, des Systèmes de *protection*; ils n'ont été que des Systèmes de *fiscalité*, des procédés pour faire de l'argent, que non-seulement chaque État, mais que chaque Seigneur employait sur les limites de son domaine.

Un pareil mode de perception d'impôt est donc barbare *d'origine* aussi bien que *de fait*. Loin d'entraver aujourd'hui par des *taxes* les transactions inter-nationales, il serait plus raisonnable de les encourager par des *primes*, s'il était nécessaire.

Ce mode d'impôt doit donc être, en principe, absolument rejeté.

Nombre de personnes ont la simplicité de croire que les millions rapportés par les Douanes au Gouvernement sont prélevés sur l'Étranger. C'est la plus ridicule des erreurs. Le droit d'entrée s'ajoute, pour l'acquéreur intérieur, au prix de vente du marché extérieur; c'est donc l'acquéreur, le consommateur français qui paie seul en définitive tout l'impôt des Douanes. Il est impossible d'imaginer un impôt aussi mal établi, aussi injuste, aussi absurde.

Quand vous voulez favoriser le développement d'une industrie en France, c'est dans un but d'intérêt national, d'intérêt général; c'est donc au trésor de la Nation que vous devez demander les secours que vous voulez porter à cette industrie. Quelle justice y a-t-il à demander exclusivement ces secours aux consommateurs des produits de cette industrie? — Voudrait-on assimiler ceci aux droits de péage? Eh! c'est précisément l'inverse. Le péage est le prix d'un service positivement rendu à l'individu qui paie le droit; tandis qu'ici le consommateur paie à l'industrie protégée par un tarif le service que le développement de cette industrie est censé devoir rendre à la Nation.

de chose à l'Unité nationale auprès des économies et des avantages que lui assurerait le Système nouveau. Tout ceci n'est que de l'arithmétique (1).

La Politique commerciale que nous venons d'exposer, et vers laquelle tous les bons esprits convergent aujourd'hui est une partie intégrante, des plus importantes, et une condition *sine qua non* du Système général que nous présentons dans cet écrit comme constituant la véritable Politique humaine, et comme devant être l'âme de la Politique française.

---

(1) Il est une objection qui sera faite, hélas! par beaucoup de monde. Tout en accordant que la Nation doit gagner évidemment au Système de la Protection directe et à l'abolition des douanes, on dira qu'un pareil Système aurait le grand inconvénient de *priver le trésor d'une ressource importante.* On dira cela, nous en sommes sûrs! — En vérité, nous ne nous sentons pas le courage d'*expliquer*, de *démontrer* pourquoi et comment, quand une Nation augmente ses ressources, il lui devient moins onéreux et moins difficile de remplir SON trésor : la démonstration d'un pareil théorème est du ressort de M. de la Palisse.

Attaquez directement la mesure, dites que la Nation ne gagnera rien au Système proposé, et prouvez-le si vous pouvez ; mais, de grâce, ne disons pas cette grosse sottise qu'une Nation, en s'enrichissant, se trouve plus gênée pour faire son budget!

CHAPITRE V.

Intérêts spéciaux des Puissances à la réalisation du Système proposé.

I. De l'Alliance allemande ; caractère et intérêt germaniques.—II. De l'Alliance autrichienne ; Politique de M. Molé.—III. Alliance commerciale avec la Prusse et avec la Confédération germanique.—IV. Théorie politique des petites Nationalités ; application spéciale à la Belgique. — V. Application aux États de la Confédération germanique, de l'Italie, et aux autres Puissances continentales. — VI. Intérêts des États-Unis; intervention de leur marine pour faire respecter à l'Angleterre le principe de la liberté des mers.

I.

Il nous reste à montrer en peu de mots que la Politique dont nous avons exposé le Système, loin de rencontrer des obstacles sérieux dans les Intérêts des Puissances qui seraient appelées les premières à y concourir de concert avec la France, doit au contraire y trouver les plus solides appuis. Cette proposition résulte de l'essence même du Système en question, puisqu'il n'est autre chose que l'*expression synthétique* des intérêts particuliers et généraux de ces Puissances ; la démonstration en est répandue dans tout le corps de cet écrit, et nous n'avons plus en quelque sorte qu'à la rappeler en la spécialisant.

L'Alliance de la France et de l'Allemagne se présente premier plan de ce Système.

Or, si la France ne songe pas à faire des conquêtes sur les États constitués qui la touchent, le Corps germanique, considéré dans son ensemble, est très certainement dans le même cas ; — ainsi, et *à priori*, la consolidation de la Paix européenne lui importe, au moins autant qu'à la France.

Mais remarquons tout de suite que l'Allemagne est la partie

de l'Europe immédiatement menacée par la Russie, le front d'attaque, le premier théâtre des guerres futures, la victime dévouée aux premiers envahissements du côté de l'Europe si l'Europe ne se constitue de façon à rendre impossibles dans l'avenir ces envahissements et ces guerres.

Remarquons que la moitié méridionale de l'Allemagne, qui verse tout entière dans la mer Noire par le Danube, son superbe mais unique canal d'alimentation et de communication extérieure, n'a déjà que de trop justes sujets de mécontentement et d'alarmes dans les empiètements journaliers de sa voisine du Nord ; car celle-ci marche rapidement à la confiscation de cette mer, et elle ne se propose évidemment rien de moins que d'en faire sous peu un lac russe.

L'Autriche n'est-elle pas personnellement, pour la navigation de ce fleuve et pour ses possessions orientales, en rivalité, en susceptibilité et en contestation permanentes avec la Russie ?

Enfin, croit-on que l'amitié de la Russie ne pèse pas bien lourdement sur les épaules de la Prusse ? Il y a, en réalité, fort peu de sympathie entre les deux Nations ; l'orgueil des enfants de Frédéric se révolte, non sans raison, contre cette amitié imposée, et à l'occasion il s'en explique vertement : les scènes de Kalisch en ont assez dit !

En deux mots, l'Autriche est perdue et l'Allemagne appartient à la Russie le jour où l'Europe laissera prendre à celle-ci Constantinople.

Ces considérations prouvent amplement que la Fédération de l'Europe centrale et méridionale sous drapeau *Franco-allemand*, est commandée bien plus impérieusement encore par les intérêts germaniques que par ceux de la France. Cette Alliance et son But, si éminemment humain, ne pourraient donc manquer de rencontrer la plus vive popularité dans toute l'Allemagne. Nous en appelons au sentiment germanique lui-même, et nous ne craignons point qu'il démente cette assertion ; nous en appelons à l'esprit national et philosophique de cette vieille et noble terre à laquelle la France est liée par son nom, par ses origines, par une mutuelle estime que la littérature des deux pays, qu'une communication d'idées élevées et fortes, et jusqu'au souvenir même des combats passés, rendent de jour en jour plus vive et plus intime ! Si l'Allemagne a combattu nos extravagances, elle a profondément sympathisé avec tout ce qu'il y a eu de généreux, d'humain, de social et de véritablement progressif dans le développement de la France. Aussi n'y a-t-il plus place pour des sentiments d'hostilité entre ces deux grands Peuples, dont l'Union doit invinciblement décider de la Paix de l'Europe et du Monde.—Que les vrais patriotes, les vrais philosophes, les vrais chrétiens, et que les véritables hommes d'État des deux pays y prêchent enfin l'Union franco-allemande, et la préparent ; car le temps de cette grande Alliance est venu !

La Politique que nous avons appelée Politique *française* est donc aussi la Politique *allemande*, comme elle sera de fait un jour la Politique de toutes les Nations, puisque, en principe, elle est celle de l'Humanité ; c'est seulement à cause de sa nature élevée et transcendante qu'elle se trouve appartenir plus spécialement aujourd'hui aux deux peuples dont l'état social est le plus doux, le plus éloigné de la barbarie, dont le caractère est le moins égoïste, le plus humain et le plus sympathique, dont les idées enfin sont les plus larges, les plus générales et les plus avancées. — Des quatre grandes Nations européennes, la Russie, le Corps germanique, la France et l'Angleterre, il est évident que deux seulement sont, par leur génie propre, par le caractère social de leurs populations, en voie d'amitié franche, active et cordiale : l'Allemagne et la France. Ces deux pays échangent entre eux des idées et des sentiments,—ils n'échangent rien avec les peuples de la Russie, et ne prennent que des marchandises ou des procédés à l'Angleterre.

II.

Quoique le Principe et le But de l'Alliance franco-germanique soient certainement de nature à être très populaires dans toute l'Allemagne, nous ne voulons pas dire que cette Alliance puisse être résolue et décrétée immédiatement par les Gouvernements des deux pays. Nous ne saurions trop rappeler que nous avons rattaché le succès de la Politique proposée non pas à telle ou telle convention subite, mais au développement intelligent, soutenu et persévérant d'un Ensemble de moyens nombreux et convergents.

Ainsi, par exemple, dans les circonstances actuelles, une Alliance politique pourrait être conclue avec l'Autriche plus facilement qu'avec la Prusse; et même, si nous sommes bien informé, cette Alliance était le projet à la réalisation duquel travaillait, chez nous, un homme d'Etat tombé sous des intrigues aussi tristes qu'elles ont été stériles.

Chose étrange et qui prouve combien l'esprit de parti obscurcit encore en France le sentiment des hauts intérêts du Pays, et l'impartiale appréciation des hommes politiques! Le Ministre qui, dans une circonstance où l'honneur et l'intérêt de la France étaient réellement engagés, a répondu aux propositions du Nord les vingt mots les plus fermes et les plus français qui aient été prononcés depuis la Révolution de juillet (1), ce Ministre n'a recueilli en France que l'im-

(1) « Trente mille hommes d'avant-garde entreront en Belgique, dès « que quatre hommes et un caporal prussiens y mettront le pied. » — La chose mérite bien la peine qu'on la rappelle aujourd'hui :

Le Roi de Prusse, d'accord avec l'Autriche et la Russie, résolut en qualité de voisin et de beau-père du prince d'Orange, d'aller au secours du roi Guillaume. Le baron de Werther, alors ambassadeur, vint faire part à M. Molé de cette résolution et lui offrir toutes les garanties que pouvait désirer la France pour sa sécurité à l'occasion d'une expédition qui n'était point dirigée contre elle.

M. Molé répondit que la Révolution de juillet avait introduit en Europe un droit nouveau, qui, opposé au principe d'intervention de la

popularité là où justement il eût dû rencontrer la plus grande faveur! Il a succombé sous l'inculpation de ménager l'Autriche, et de montrer moins de ferveur que ses devanciers, pour le culte de l'Alliance anglaise; et cela! quand la prévision des complications plus ou moins prochaines, mais certaines de la question d'Orient, commandaient évidemment une nouvelle attitude à la France (1).

Sainte-Alliance consacrait pour chaque peuple la faculté de vider en famille les querelles de sujets à gouvernement : que ce droit, dont la reconnaissance à l'égard de la France avait deux mois plus tôt protégé la paix de l'Europe, devait protéger également nos voisins et nos amis : que si un seul soldat Prussien entrait en Belgique, immédiatement trente mille Français y entreraient; que des ordres allaient être donnés pour faire les préparatifs et que la Prusse ne devait pas s'en alarmer, puisqu'il dépendait d'elle de les faire cesser.

(1) Le culte de l'alliance anglaise. A l'heure qu'il est on annonce, et d'une manière qui paraît positive, que l'Angleterre se prépare à faire un établissement maritime et militaire formidable à Jersey! un établissement militaire de premier ordre à Jersey! à Jersey, cette terre française, enclavée entre nos deux départements des Côtes-du-Nord et de la Manche; à Jersey! cette île placée dans nos eaux, à 4 LIEUES de notre côte et à 35 LIEUES *du point* le plus rapproché de la côte d'Angleterre! cette île enfin plus voisine du centre de la France que ne le sont nos deux grands ports maritimes de Brest et de Cherbourg!.... Que parle-t-on de sacrifices à l'Alliance de l'Angleterre, quand cette chère alliée qui nous a dépouillés de toutes nos colonies, loin de songer à nous rendre ces îles normandes, ces îles placées au milieu d'un golfe français, pousserait l'audace et le mépris jusqu'à y venir en pleine paix, en pleine alliance, dresser des batteries contre nos côtes, et braquer insolemment ses canons sur nos eaux et sur nos navires! Que l'Angleterre élève sur ses côtes et pour sa défense toutes les fortifications et toutes les batteries qu'elle voudra, elle est dans son droit et il n'y a certes rien à y reprendre; mais qu'elle vienne exécuter à Jersey le projet militaire dont on a publié la description, qu'elle y vienne, encore une fois, en pleine paix, en pleine alliance; c'est une provocation, c'est un outrage, c'est une insulte sanglante à la France et à son Gouvernement! c'est dire à l'Europe : « Nous profitons « d'une époque de lâcheté en France, et d'un moment où elle n'a que des « peureux à sa tête, pour exécuter ce qu'aucun autre Gouvernement « que son Gouvernement actuel ne souffrirait patiemment sans doute!...»

Nous ne savons ce que les partisans *quand même* de l'Alliance anglaise diront de ce projet, tout ce que nous désirons, c'est qu'ils n'y trouvent pas un argument de plus sur la nécessité de ménager une voisine de si haute humeur. — L'Angleterre a peut-être choisi le moment actuel pour laisser transpirer semblable menace, afin de nous faire venir à sa remorque dans cette question d'Orient où elle montre depuis quelque temps, ainsi que la Russie, une affectation vraiment bouffonne à défendre l'indépendance de l'Empire ottoman, qui semblerait, à les entendre l'une et l'autre, menacée

III.

Dans la crainte de se compromettre avec la Russie, la Prusse n'entrerait probablement pas aussi vite que l'Autriche en Alliance politique avec la France ; elle attendrait sans doute, pour oser faire une démonstration de cette nature, que la Fédération eût déjà acquis une solidité suffisante et qu'elle présentât des garanties bien positives.

Toutefois (ceci est tellement important qu'il suffit de l'énoncer) l'UNION COMMERCIALE ALLEMANDE (1) dont l'Autriche ne fait point encore partie, mais dont la Prusse est l'âme, permet à la France de nouer avec celle-ci et avec tous les autres membres du Corps germanique des liens qui

---

par la France. Nous verrons bientôt que c'est la France qui a des vues sur Constantinople et que l'Angleterre, dans son respect chevaleresque pour les droits des nations, se trouvera contrainte de nous empêcher de prendre l'isthme de Suez, Alexandrie et les côtes de la mer Noire !... — Et l'on a pourtant eu en France, le malheureux courage d'accuser de manque de patriotisme le système qui nous rapprochait si prudemment, si sagement de l'Allemagne quand se préparaient les évènements qui devaient donner tant d'importance à ce rapprochement ! Si cette prévoyante Politique n'eût pas été renversée par ce passions étourdies, serions-nous *seuls, absolument seuls*, comme il paraît que nous le sommes aujourd'hui, dans la question d'Orient ? Pour prouver qu'elle était française et en outre qu'elle n'étai t rien moins que servile, celui à qui cette Politique appartenait n'aurait eu que deux choses à exposer ; mais la prudence exigeait le silence sur la première, une haute convenance l'imposait sur la seconde. Qu'on nous permette aujourd'hui de dire qu'il y a eu, à garder ce silence au milieu des clameurs accusatrices et des ambitions avides, un dévouement et une dignité qui ont grandi l'homme d'Etat vaincu et l'ont placé fort au-dessus de ses vainqueurs. Non, il n'y a ni absence de patriotisme ni servilité à se tourner du côté de l'Allemagne, et à poursuivre avec moins d'obséquiosité les bonnes grâces vaines de l'Angleterre.

Certes, nous ne demandons pas que l'on se brouille avec l'Angleterre ; mais nous demandons que l'on *recherche* l'Alliance allemande au lieu de *rechercher* l'Alliance anglaise. L'Angleterre ne nous sera jamais alliée *que dans la mesure de son intérêt*, et elle n'aura *que plus d'intérêt encore* à se tenir en bonnes relations avec nous, quand nous aurons cimenté l'Alliance franco-allemande. Voilà ce qu'il ne faut pas oublier.

(1) Voyez la note sur l'*Union commerciale allemande*.

valent bien ceux d'un Traité politique et qui d'ailleurs *les préparent.*

IV.

Quant aux petits États d'Allemagne, ils sont dans le cas de toutes les Puissances de troisième, de quatrième et de cinquième ordre. L'avenir de celles-ci est toujours problématique et leur existence ne saurait être définitivement assurée que du jour où, le Congrès d'Unité étant organisé, elles y seraient admises. Raisonnons sur la Belgique pour établir le principe.

La Belgique, après avoir fait une révolution à l'imitation de la France, n'a pu résister à la tentation de se faire aussi une Nationalité (1). Cette singulière idée, d'ériger en Na-

(1) Il faut pourtant rappeler à l'honneur de l'intelligence de la Belgique, que le projet de réunion à la France n'y a eu la minorité que parce qu'il était trop notoire que le Gouvernement français eût craint d'accepter. C'étaient d'ailleurs les populations les plus éclairées et les plus industrieuses, celles des pays de Liège, de Namur et du Hainaut qui réclamaient la réunion ; elle était repoussée par les Flandres, et par le Sud-Brabant qui préférait naturellement pour capitale Bruxelles à Paris.

Remarquons ici combien pèche la division politique de la France en simples départements. Cette division, pareille à celle d'une armée qui ne serait classée qu'en compagnies, et où l'on passerait sans intermédiaires hiérarchiques du Général au capitaine, cette division était bonne pour broyer l'ancienne France, pour briser des blocs que leur vieille agrégation empêchait de s'unir entre eux. Mais l'instrument propre à diviser ne saurait être le plus propre à organiser et à maintenir une combinaison formée. Le premier effet étant obtenu aujourd'hui, il est bien temps de grouper les départements en Provinces; il est juste, il est important, il est nécessaire de ne pas accumuler à Paris toute la vie intellectuelle, artistique et politique du pays, de n'y pas attirer exclusivement tous les talents, et de n'y pas concentrer en même temps toutes les ambitions, toutes les intrigues et tous les dangers. Il faut donner une douzaine de sous-capitales à la France; rien ne serait à la fois plus progressif et plus conservateur que cette sage mesure. Si la France eût joui de cette division en 1830, la Belgique, n'ayant pas la perspective de voir Bruxelles réduit, par la réunion, au rôle obscur et nul de chef-lieu de département, le projet de réunion n'eût rencontré sans doute aucun obstacle sérieux dans l'esprit du pays.—Quels que soient les évènements que l'avenir tient en réserve, les hommes d'État qui décideraient une distribution provinciale de la France feraient une œuvre de prévoyante politique et rendraient un beau service à leur pays.

Il faudrait plus qu'une Note pour développer un pareil sujet; nous le soumettons aux méditations du lecteur.

tion dans ce siècle-ci une province, et une province encore qui n'a en propre ni littérature, ni langue, ni traditions, ni mœurs (1); cette idée (prise indépendamment des circonstances politiques du moment qui la favorisaient) n'était pas seulement puérile, elle était en outre assez absurde.

En effet, les trois grandes sources de la richesse de la Belgique, ses charbons, ses fers et son agriculture, avaient tout à gagner à la réunion à la France, et son esprit fort commercial, comme on sait, y eût fait au mieux ses affaires.

Mais ce qui est capital, c'est que la pauvre Belgique en s'érigeant en Nation ne faisait que préparer chez elle un champ de bataille pour la première guerre sérieuse; car, indépendamment de ce que son territoire est déjà le lieu en quelque sorte convenu et classique, où les grandes Nations se plaisent à aller vider leurs querelles, la Belgique devenue un Etat, est dorénavant pour la France comme pour les ennemis de celle-ci le premier point à occuper. La neutralité ne lui serait ni permise ni possible. En cas de collision la France porterait certainement le théâtre de la guerre hors de son territoire; la Prusse préfèrerait sans doute nous attirer en Belgique que dans ses provinces du Rhin, et la Belgique elle-même n'aurait rien de mieux ni de plus pressé à faire que d'appeler une armée française à son secours.

Enfin, de quelque côté que tournât la fortune, la Nationalité belge, comme nous l'avons déjà dit, ne saurait survivre à une grande guerre.

Que la Belgique, au contraire, soit incorporée à la France, et la guerre est sur le Rhin.

A propos du pronostic de l'absorption de la Belgique par

---

(1) Si les Flandres s'étendaient sur toute la Belgique, nous n'aurions point le droit de nous exprimer ainsi.

une véritable Puissance, dans la supposition d'un choc européen, il n'y aurait à ce fait, nous ne pouvons nous dispenser de le dire, rien qui fût bien coupable. Si le Progrès a consisté jusqu'ici à composer de grands Etats en agglomérant des provinces autrefois souveraines, il ne saurait consister aujourd'hui à faire avec des provinces de petits Etats souverains et à revenir au morcellement politique des époques barbares. Tant que la Paix ne sera pas organisée et dûment constituée en Europe, des Nationalités faibles, chancelantes, indécises, sans passé, sans caractère, des Nationalités, qu'on ne respecte pas et qui sont incapables de se faire respecter, n'y peuvent être que des causes de trouble et des chances de rupture. Des Nationalités semblables, aussi longtemps que l'empire de la guerre n'aura pas été anéanti, ne seront donc que des contre-sens en principe, et, en fait, que des exceptions provisoires, transitoires, marquées du sceau de l'ambigu et de l'instabilité. Tranchons le mot, ces Nationalités-là sont des charges pour leurs alliés et des dangers pour tout le monde.—Qu'on n'y touche point de peur de provoquer la guerre, c'est très sage ; mais qu'après une grande guerre on laissât subsister ces anomalies, ces dangers, ces inconvénients au milieu de la Société européenne, ce serait une modération aussi niaise que coupable.—C'est là, au reste, un genre de faute qui n'est guère à craindre.

Que si l'on suppose l'Institution du grand Congrès d'Unité, la thèse change absolument :—La Paix est constituée; il n'est plus question d'envahissements ; il n'est plus question de dangers ; bientôt même il ne sera plus question de douanes. Qu'importe alors que telle province porte un nom ou qu'elle en porte un autre ? Si la Belgique, dont nous parlions, se croit une individualité, si son nom lui paraît plus beau, plus glorieux que celui de France, qu'elle conserve son individualité et son nom, cela sera fort bien, car il n'est plus nécessaire qu'elle soit un membre de l'Unité française maintenant qu'elle est devenue un membre de l'Unité européenne.

Ainsi tout ce qu'il y a de bizarre, d'absurde, d'impossible dans la Nationalité de la Belgique, tant que dure l'Incohérence européenne, disparaît dès que se produit l'Unité fédérale, et l'individualité belge devient tout aussi légitime qu'une autre. — On comprend dès lors comment l'Unité se trouve être cent fois plus favorable à la véritable indépendance, c'est-à-dire au *libre développement* des individualités nationales, que ne saurait l'être l'état d'Incohérence. L'Incohérence ne souffre qu'exceptionnellement les petites Nations, et elle tient constamment les grandes dans l'incertitude, dans la crainte et sur le qui-vive ; — cela n'est assurément ni de la véritable indépendance, ni de la véritable liberté!

Ce n'est donc pas en elles-mêmes et d'une manière absolue que les petites Nationalités sont inconvenantes, c'est par rapport à l'état de l'Europe (état dont, au reste, les calculs de la Politique commune supposent toujours la permanence). Dans l'hypothèse de l'Unité générale, dans notre Système, le franc développement de toutes les individualités compose au contraire l'Harmonie la plus riche, l'Unité la plus brillante, --- si bien même que telles provinces, auxquelles la conquête et des lois plus ou moins violentes ont ravi leur originalité, pourront, sans danger désormais, dégager leur caractère distinctif aujourd'hui comprimé.

Le Système de l'Unité générale, c'est-à-dire de l'Ordre général, est donc le Système de la plus grande Liberté des Peuples ; et nous, — qui semblions tout à l'heure attaquer le Principe des *libertés nationales*, — nous nous trouvons en être le champion le plus ardent.

On peut juger maintenant si la France rencontrerait de grandes difficultés à mettre dans la Politique de Paix et d'Unité tous les petits Etats dont l'avenir est menacé, et si ceux-ci se montreraient en disposition de refuser l'honneur qu'on leur ferait en les invitant à des Congrès où n'ont siégé jusqu'ici que les grandes Puissances.

V.

Si les Etats de la Confédération germanique ne sont pas dans le même cas que la Belgique, du moins s'en rapprochent-ils à certains égards. Ces Etats s'abritent, il est vrai, dans leur Unité fédérale contre les dangers extérieurs (1); mais cette Unité, surtout dans les conditions actuelles de l'Europe, est encore loin d'être suffisante. Aussi voit-on, d'une part, l'esprit national allemand tendre à la constitution d'une Unité plus forte et plus compacte; d'autre part, en regard de l'Autriche qui voudrait sans doute obtenir la prépondérance dans la Confédération, la Prusse fait mieux que de la vouloir, elle y marche. Le génie de Frédéric a inoculé à la Prusse une sève, une vigueur, une puissance de développement qui devaient nécessairement la rendre entreprenante en Allemagne. Quoiqu'elle agisse aujourd'hui très pacifiquement et que la conduite de son ambition n'ait rien que de fort légitime (2), on ne saurait oublier que son esprit et son organisation sont très militaires; il est même bien permis de croire que la Prusse, aussi longtemps qu'elle subira spécialement l'amitié de la Russie, nourrira l'idée d'en tirer parti pour gagner de l'influence et du terrain en Allemagne. Le Congrès d'Unité offrira donc aux Etats de la Confédération, contre l'ambition de la Prusse, la garantie qu'il donnera à celle-ci contre les envahissements ultérieurs de la Russie.

---

(1) Encore faut-il dire qu'à chaque remaniement qui se fait en Europe, les grandes Puissances prennent toujours des appoints dans la Confédération germanique. —Les petits Etats sont de la petite monnaie; il leur importe beaucoup qu'il n'y ait plus de comptes à régler.

(2) Voyez, note C, le jeu de la Prusse dans le système de l'*Union allemande.*

L'Italie fournirait des considérations analogues à celles que nous venons d'exposer : la Sardaigne, le grand-duché de Toscane, Naples et les Etats de l'Eglise eux-mêmes trouveront tout avantage à se faire reconnaître et à prendre leur place au Congrès de l'Unité européenne.

Enfin la Hollande, à qui la guerre peut ravir de florissantes colonies, la Suède, et le Danemark, ces deux grands Vassaux de la Russie, la Suisse, l'Égypte, la Turquie, la Grèce, qui ont tout à redouter de la guerre, ne peuvent rien espérer de plus satisfaisant pour leur sécurité et leur indépendance, que l'admission au Congrès.

Nous ne disons rien de l'Espagne, parce qu'elle est naturellement notre alliée, et qu'une scission de sa part comme de la part du Portugal, qui supporte impatiemment le joug de l'Angleterre, ne saurait être seulement soupçonnée.

Les Intérêts de tous les Etats que la France peut convier au développement du SYSTÈME PACIFIQUE ET UNITAIRE sont donc très favorablement disposés, et ces Etats peuvent être facilement engagés dans ce grand mouvement dont l'initiative et l'impulsion appartiennent en ce moment à la France. — Puisse-t-elle, ah! puisse-t-elle ne se point laisser ravir cette immortelle gloire!

VI.

Si nous n'avons rien dit, dans ce chapitre, sur les Etats de l'Amérique, et si nous en avons peu parlé dans cet écrit, c'est que le développement de leur prospérité, leur agriculture, leur commerce et leurs progrès généraux, sont si évidemment intéressés à la Paix de l'Europe qu'il est tout-à-fait inutile d'établir une discussion sur ce point. Les Républiques méridionales seraient sans doute fort empressées de se faire reconnaître par le Congrès Européen ; quant aux

Etats-Unis on peut être convaincu que leur formidable marine serait toute prête à se joindre à celle de l'Ancien Continent pour faire, en cas de besoin, respecter par l'Angleterre le principe de la *Liberté générale du Commerce et des
mers.*

Remarquons que le jour où les Etats-Unis auront leur
représentant au Congrès d'Unité, ce Congrès quittera la
qualification d'*Européen,* et prendra le nom de *Congrès
universel,* ou de *Congrès de l'Unité sphérique.*—Ce jour-là,
et dès lors seulement, l'Humanité sera constituée.

CHAPITRE VI.

Résumé Général.

I.

Nous terminerons en récapitulant, dans ce Chapitre, les principales idées qui ont été développées précédemment.

L'idée préalable et qui domine le Système que nous avons exposé, c'est que, *sous peine de décadence*, une grande Na-tion doit se concevoir un BUT D'ACTIVITÉ et le poursuivre incessamment, c'est-à-dire, posséder, dans la haute défini-tion du mot, une POLITIQUE NATIONALE.

Comme l'Activité d'une Nation s'exerce à l'Intérieur et à l'Extérieur, le But de l'Activité nationale doit être double ; en d'autres termes, la Nation ne peut vivre d'une vie pleine et régulière qu'en menant de front l'exécution d'un Système défini de *Politique intérieure* et l'exécution d'un Système défini de *Politique extérieure*.

Il est sans doute inutile d'ajouter que ces deux Systèmes doivent être liés entre eux, et se soutenir par une concor-dance (1) tellement étroite qu'ils ne forment, à vrai dire, qu'un seul Système.

(1) C'est parce que cette concordance existe en Russie et qu'elle s'altère de jour en jour en Angleterre, que l'avenir de la Russie est aussi solide que brillant, tandis que celui de l'Angleterre est très sombre. C'est à l'in-térieur que l'Angleterre est menacée ; et telle est pourtant la force de sa Politique nationale extérieure que, malgré les craquements qui se font entendre dans la vieille Constitution anglaise, cette Île étend toujours sa domination, ses envahissements, et tient sans relâche l'œil ouvert et la main étendue *sur tous les points du globe.* — L'*universalité* d'action de l'Angleterre est quelque chose de singulièrement grand, quelque chose de magnifique. Aujourd'hui, malgré ses factions tories et chartistes, mal-gré la détresse et les menaces de l'Irlande, malgré les fureurs déjà ré-

Avec ces conditions on peut tracer *à priori* et d'une main sûre l'histoire de la grandeur et de la décadence de tous les Empires; on peut même prédire l'Avenir aussi bien qu'on explique le Passé (1).

Nous attachant à la Question extérieure, objet spécial de cet écrit, nous avons montré que, des quatre grandes Nations de l'Europe, deux seulement, la Russie et l'Angleterre, se présentent aujourd'hui comme poursuivant un But à l'extérieur et possédant vraiment une Politique nationale. — L'Allemagne, dont l'Unité politique n'est pas constituée au même degré que celle des trois autres Peuples, est soumise à un fractionnement et à un travail intérieur qui l'empêchent d'agir avec suite et avec efficacité au dehors. — Quant à la France, qui n'a pas encore la conscience de sa Mission, elle est comme un grand et superbe navire qui, oubliant sa route et son but, aurait cargué ses voiles, et, laissant flotter son gouvernail, s'abandonnerait aux caprices des vents et des mers incertaines.

Nous avons pris texte des Évènements qui se préparent du côté de l'Orient, et de la valeur immense, de la valeur capitale de Constantinople dans l'Avenir, pour montrer, sur une application de premier ordre, quel doit être le *caractère* de notre Politique et le rôle de la France dans le Monde.

Deux Politiques gigantesques étendent leur puissante activité sur le Monde et déjà l'enserrent. La France doit-elle

---

volutionnaires du fanatisme anglican, et malgré les incendies qui se rallument à mesure qu'il les éteint, le Gouvernement britannique, dans le même temps, comprime l'insurrection et donne une nouvelle constitution au Canada, *assiste* à l'expédition de la France dans l'Amérique du Sud, surveille avec celle-ci le Bosphore, s'établit sur la mer Noire et sur le golfe Persique, combat la Russie dans l'Afghanistan, colonise l'Australie et va peut-être entamer la Chine! Cela est grand, magnifique, admirable, et c'est un haut témoignage de la puissance humaine, qu'il faut savoir gré à l'Angleterre de donner à l'Humanité! Voilà, Français, ce que peut une Grande Nation — QUAND ELLE A UN BUT!

(1) A ce sujet, voyez la Note E.

rester indécise, passive entre ces deux Envahissements qui menacent tous les Peuples ? C'est demander si la France doit être ou ne pas être ? — Nous avons répondu que la France a pour mission de sauver la Liberté de l'Europe en prenant la *Constitution de l'Unité* ou *la Fédération européenne* pour le But de sa grande Politique.

II.

La *Théorie des Alliances* nous a fourni l'exposition des raisons fondamentales et *certaines* qui défendent à la France de favoriser le développement de l'Ambition de la Russie ; elle nous a montré la fausseté absolue de ce que l'on nomme aujourd'hui l'Alliance anglaise. — Ces deux importantes déductions politiques ont été tirées du principe incontestable ; que c'est sur l'*identité du But national supérieur*, et non sur des coïncidences d'intérêt passagères et partielles que doivent se baser les véritables, les solides Alliances.

En suivant la marche de la Civilisation moderne et la transformation successive des rapports internationaux, nous avons constaté la formation et le développement, en Europe, d'un Ordre Nouveau basé sur les intérêts de l'Industrie et de l'Humanité. Nous avons reconnu que cet Ordre nouveau à pour caractère de substituer la Production à la Destruction, la Paix à la Guerre, la Justice, la Liberté, l'Unité des Peuples et le règne de l'Intelligence, à la Conquête, à l'Oppression, au règne du Morcellement et de la Force brutale.

Nous avons montré, en comparant les éléments qui sont en voie de grandir et qui sont déjà prépondérants dans le sein des Sociétés nouvelles, avec les éléments qui étaient prépondérants dans les Sociétés anciennes et qui sont en déclin rapide, que les calculs de la Politique moderne doivent se fonder, désormais, sur les FORCES GRANDISSANTES, c'est-à-dire sur les INTÉRÊTS PACIFIQUES DES PEUPLES

INDUSTRIEUX. Nous avons vu que le temps était venu de substituer, à la Maxime de la *Politique extérieure* ancienne : POUR AVOIR LA PAIX IL FAUT PRÉPARER LA GUERRE, la Maxime de la Politique humaine et chrétienne : POUR AVOIR LA PAIX IL FAUT ORGANISER LA PAIX.—De même, nous aurions vu parallèlement, si nous avions traité ici de la *Politique intérieure*, qu'à l'ancienne formule : IL FAUT DIVISER POUR RÉGNER, on doit substituer désormais la formule : IL FAUT ASSOCIER POUR RÉGNER.

III.

Les faits de tous genres que nous avons passés en revue, ont établi surabondamment que l'Humanité avait toujours tendu à l'Unité comme à son état nécessaire, à sa constitution supérieure. Aux preuves tirées des faits contemporains, nous aurions pu ajouter le magnifique spectacle des deux plus grands actes de l'Humanité, des deux plus grands Témoignages qu'elle se soit donnés à elle-même de sa Puissance et de sa Destinée : nous voulons parler de la constitution de l'Empire romain et de la constitution du Catholicisme, ces deux imposantes ébauches, opérées dans l'ordre politique et dans l'ordre religieux, de l'Unité sociale de l'Avenir.

En constatant cette haute tendance et ses réalisations partielles et successives dans les Sociétés modernes, nous avons assisté à la naissance du DROIT NOUVEAU qui sort de l'Ordre nouveau, et qui domine déjà le Système de l'*Équilibre européen*, auquel il va substituer bientôt le Système de l'*Organisation pacifique européenne*. Ce Droit est le *Droit des* CONGRÈS D'UNITÉ. Nous avons insisté sur ce que le *Congrès d'Unité* est un fait existant, développé, et auquel il ne reste plus qu'à donner bientôt qualité d'INSTITUTION, en lui obtenant la *régularité* et la *permanence*.

Enfin, après avoir prouvé que l'Humanité marche invinciblement à l'Unité par le développement de son Activité industrieuse, de sa Raison et de sa Liberté, que
même les dispositions préétablies des choses feraient, à la
rigueur, tourner la Guerre et la Force à la réalisation de ce
besoin supérieur, nous avons montré, en nous fondant
sur les données intimes et positives de la Politique française, — c'est-à-dire sur les intérêts les plus réels, sur
la position géographique, sur les beaux antécédents et sur
le généreux caractère de la France, — que la Mission de
cette grande Nation est d'épargner au Monde, par une Politique supérieure, chrétienne ou humanitaire, les luttes
et les chances terribles dont le menace encore le développement et le choc des deux redoutables Politiques égoïstes
que nous avons signalées. Nous avons reconnu que la
condition certaine de ce magnifique accomplissement, dé-
volu à la puissance et au génie de la France, c'est que le
Peuple français prenne pour *But spéculatif* de son Activité
politique : LA FONDATION DE L'UNITÉ HUMAINE, LIBRE-
MENT ÉTABLIE PAR LA VOIE DE LA RAISON ET DES IN-
TÉRÊTS GÉNÉRAUX DES NATIONS ET DES GOUVERNEMENTS;
et, pour *But pratique* ou *concret* de cette même Activité
politique : LA TRANSFORMATION DES CONGRÈS ACCIDEN-
TELS ACTUELS EN INSTITUTION EUROPÉENNE RÉGULIÈRE,
et l'extension de l'Autorité souveraine de ceux-ci, de l'ordre
politique à l'ordre industriel, à l'ordre administratif, à l'ordre
juridique, ... enfin, à tous les ordres de la vie ou du développement social de l'Humanité.

En dernier lieu comme question générale, l'étude de la
position, des intérêts, des craintes légitimes et des conditions mêmes d'existence et d'avenir des différents Etats intermédiaires de l'Europe, nous a révélé, en ceux-ci, un besoin
si intime de la Politique Unitaire proposée, qu'il est hors
de doute que cette Politique ne puisse devenir extrêmement

populaire dans ces États et n'amène progressivement la pleine adhésion de tous leurs Gouvernements, si la France lève avec décision le drapeau glorieux de cette Politique organisatrice, si elle en entreprend la pacifique et sainte Propagande dans la Chrétienté.

IV.

Tel est le résumé de ce Système que nous désignerons sous le nom de *Politique pacifique-active*, pour le distinguer de la *Politique pacifique-passive* qui a été suivie depuis la Révolution de Juillet. La Politique pacifique-*passive* est celle qui *craint* la Guerre et qui s'efforce de maintenir un *statu quo* de Paix : La Politique pacifique-*active* est celle qui *veut* la Paix et qui l'*organise*.

Ce Système, nous le produisons et nous le proposons avec confiance à la France, parce qu'il est grand, humain et glorieux, et parce qu'il est essentiellement pratique et raisonnable.

Il est RAISONNABLE, car il offre un But qui saisit immédiatement le cœur et l'esprit de tous les individus, de quelque Nation qu'ils soient, chez qui la Raison est assez développée pour qu'ils méritent vraiment d'être appelés des Hommes, c'est-à-dire des Êtres sociables et raisonnables.

Il est ESSENTIELLEMENT PRATIQUE, parce que, loin d'être une création systématique, il n'est, comme on l'a vu, que la traduction claire, intelligible et fidèle, des faits contemporains. Il est essentiellement pratique, parce qu'il est *juste*, et que la Politique de la *justice* est la Politique de la *force véritable*. Il est essentiellement pratique, parce que, incontestablement, ce qui est le plus pratique, c'est ce dont la réalisation, toutes choses égales d'ailleurs, blesse le moins d'intérêts, et en favorise le plus et à un plus haut degré dans le monde (1).

Observons d'ailleurs que, si les Cabinets de Prusse, d'Autriche et de Russie peuvent, comme l'ont fait Henri IV, Richelieu ou Louis XIV en France, poursuivre dans le silence et dans l'ombre le développement de leurs vues politiques, nos formes de publicité et l'indiscrétion un peu commune et trop tracassière d'un Parlement bourgeois, qui sait moins se contenir que le Parlement anglais, excluent forcément en France toute Politique de finesse et d'adresse et ne laissent de chance de succès que pour une Politique franche, ouverte, et qui joue cartes sur table. Or, non-seulement la Politique pacifique-active satisfait à cette importante condition, non-seulement elle peut marcher à ciel ouvert et s'avancer à la face du Monde; mais, qui plus est, sa force doit augmenter avec l'éclat même de sa publicité! Il sufit en effet que cette Politique soit proclamée par la France, pour qu'elle passionne tous les Peuples et ne tarde pas à rallier les Gouvernements.

Cette Politique, encore, est ESSENTIELLEMENT PRATIQUE parce qu'elle se caractérise surtout par son But, parce qu'aucun mode d'action ne lui est imposé plutôt que tel autre, qu'elle en a mille à sa disposition, qu'elle possède, en un mot, la souplesse et l'élasticité de tout ce qui a vie, de tout ce qui est susceptible de développement, à l'opposé de ces systèmes roides et vraiment utopiques qui ne reposent que sur les *postulata* de l'imagination de leurs créateurs. Cette Politique, en offrant un But et une Boussole à la France, permet à son Gouvernement de profiter de tous les vents pour naviguer, et de savoir au moins, dans les temps contraires, quels sont les parages où le navire se trouve,

(1) On doit remarquer cette formule qui est la vraie définition de la *praticabilité* des idées politiques et sociales.

de combien il est écarté de sa route, de quel côté s'il doit résister.

Mais cette Politique est bien mieux que pratique et possible; elle est commandée, elle est obligée ! et cela : par la raison très simple que la France veut une Politique pacifique, et que, des deux Systèmes pacifiques, le Système *actif* seul peut la contenter, tandis que le Système *passif* finirait par y déconsidérer entièrement un Gouvernement quelconque et le conduire à sa perte...

Cette Politique, enfin, ne peut rencontrer d'obstacles que dans l'inertie et la honteuse routine qui constituent ce véritable abrutissement que trop de gens, hélas ! décorent aujourd'hui du titre de bon-sens pratique et de *positivisme*. Rien n'est moins pratique qu'un Système acharné au *statu quo*, rien n'accuse moins de bon-sens que la croyance à l'immobilité ! Il est contraire à l'histoire, à la réalité et à l'essence des choses que le *statu quo*, c'est-à-dire qu'un état donné d'*Équilibre* puisse durer seulement vingt-cinq années en Europe sans altérations profondes. Les choses marchent : Il se fait continuellement un travail de composition et de décomposition chez les Peuples : les uns se développent rapidement, vigoureusement, invinciblement; tandis que d'autres croissent moins vite ou même s'affaiblissent. Et dans cet état d'Équilibre instable, vacillant, où l'Europe se trouvera jusqu'à la réalisation de la Politique d'Unité, une boutade nationale, la colère ou l'ambition d'un Prince, le moindre accident enfin, pourront toujours occasionner, d'un instant à l'autre, une conflagration générale.

V.

Ainsi, il suffit au triomphe de cette Politique qu'elle soit VOULUE par la France.

Et, que faut-il pour déterminer cette haute volonté?—Il faut que le Gouvernement prenne l'initiative de cette Politique glorieuse, de cette Politique active qui lui rallierait promptement dans tous les partis hostiles les hommes honorables qui sont les plus nombreux. A défaut de cette initiative, il faut qu'une voix logique et entraînante enseigne cette doctrine du haut de la Tribune nationale, et la prêche à la France et au Monde : enfin il suffirait que la Presse la développât et la soutînt pendant quelques mois.—C'est une vérité, c'est une chose certaine, que le sort de l'Europe est entre les mains des directeurs des dix principaux Journaux de la capitale, et que, si ces dix hommes le voulaient *pendant trois mois*, cette Politique qui appartient à tous les Partis parce qu'elle est française, qui appartient même à tous les Peuples parce qu'elle est humaine, cette Politique se verrait prochainement et infailliblement instaurée en Europe. — Mais, nous savons trop bien qu'il faudra plus de trois mois encore pour que ces hautes Idées triomphent....

C'est donc au Bon-sens, c'est à la noble Intelligence et aux nobles Passions de la France qu'il faut adresser la présente Traduction des Faits contemporains et du Sens des choses. Que des Voix plus puissantes que la nôtre proclament, avec plus d'autorité, le But, aujourd'hui très visible, où marche l'Humanité ; et que tous les travailleurs dévoués fassent droit et large le chemin par où elle doit passer, qu'ils écartent de la route les pierres et les obstacles !

Quant à ceux qui craindraient que les Cabinets pussent s'opposer délibérément à la réalisation de la Justice et de l'Unité, qui serait devenue la Politique active et décidée de la France, nous leur répondrons d'abord que c'est mal juger les Cabinets dont il faut se garder de croire les portes fermées aux sentiments élevés et humains :—nous répondrons ensuite que la Dignité, la Force, et jusqu'à l'Existence nationale de la France, étant liées au développement de cette Politique, et cette Politique devant avoir pour elle la Sympathie des Peuples, les Gouvernements se garderont de refuser la Paix que la France leur tendra dans une main, n'ignorant pas que l'autre main n'aurait qu'à s'ouvrir pour lâcher sur eux la Guerre et la Propagande.... Non, on ne pousse pas à bout une grande Nation, une Nation de l'humeur de la France, et quand c'est elle qui garde la *soute aux poudres*...— Rien ne s'opposera donc sérieusement, on peut le dire avec certitude, rien ne s'opposera à la Volonté de laFrance, quand la France voudra décidément la Paix, la Liberté et le Bonheur du Monde.

FIN.

OBSERVATION

SUR

L'ALLIANCE ANGLAISE.

Nous désirons vivement que l'on ne se méprenne pas sur le sens de la critique que nous avons faite de la Politique connue sous le nom d'Alliance anglaise.

L'Alliance anglaise, nous ne saurions trop le dire, ne mérite pas d'être appelée une *Politique :* elle n'a été qu'un *expédient*.

Cette Alliance, en effet, a pu être une nécessité transitoire pour la France après la Révolution de Juillet, alors que le Continent, effrayé de cette Révolution, s'éloignait de nous, se tenait sur la réserve, et redoutait, non sans raison, le développement et l'irruption d'une Propagande révolutionnaire et d'une Guerre d'insurrections. L'Angleterre, isolée par sa ceinture maritime, et qui a d'ailleurs une trop orgueilleuse confiance dans la solidité de sa vieille constitution ; l'Angleterre, que les tendances russes de la Restauration avaient à juste titre profondément effrayée, a saisi avec empressement l'occasion que le sort lui présentait d'attirer la France dans sa sphère d'activité. Politiquement bloqué sur le Continent, le Cabinet des Tuileries a sagement agi en prenant, dans l'Alliance anglaise, le seul point d'appui qui lui fût alors offert à l'extérieur pour asseoir le nouvel Ordre de 1830 et son Gouvernement.

Mais de ce que cette Alliance a été, dans un moment exceptionnel, dans un moment de crise, une nécessité, un *pis-aller* pour la France, en vouloir faire un Système politique lorsque celle-ci est rentrée dans une situation normale sur le Continent, c'est trop fort !

Poussés à bout, les partisans de l'Alliance anglaise ne peuvent opposer, il importe hautement de le remarquer, que *deux arguments* dans lesquels ils se cantonnent. Ces deux arguments que le public répète avec une badauderie trop commune en Politique, ne sont pourtant pas de nature à arrêter un instant des hommes sérieux ; les voici :

Le premier, que l'on fait beaucoup valoir dans la discussion de la question d'Orient, « c'est que l'Angleterre « a un intérêt imminent à empêcher la Russie de prendre « Constantinople; qu'elle est trop décidément et trop gravement la rivale de la Russie pour pouvoir jamais s'entendre avec elle, et qu'il faudra toujours sur ce point « important, et *quoi qu'il arrive*, qu'elle revienne à nous. »

Voilà l'argument dans toute sa force! — Eh bien! nous le demandons, est-il possible de prouver plus nettement que ne le font, par ces mots, les auteurs de cet argument, précisément le contraire de ce qu'ils veulent établir? A quoi bon, en effet, nous condamner à faire de l'Alliance anglaise notre *Système de politique extérieure*, si sur le point capital, sur le point où il importe tellement qu'elle soit avec nous que vous motivez par là la nécessité de l'Alliance, si sur ce point-là, vous établissez vous-mêmes que sa coopération ne saurait nous manquer?

Cet argument est vraiment risible, il faut bien le dire, et pourtant il a fait fortune; c'est même sur cet argument suicide que repose, en grande partie, la faveur dont l'Alliance anglaise est encore en possession !

Le second argument sur lequel on l'appuie, c'est « la « similitude du principe politique. » Telle est l'expression consacré.

En vérité, nous avons peine à comprendre que des hommes graves osent produire une vue aussi faible, aussi superficielle ! Quoi ! vous donnez comme une raison déterminante d'Alliance spéciale entre deux Nations une similitude de formes gouvernementales, sans apercevoir que ces formes politiques qui se ressemblent, que ces habits de même coupe il est vrai, recouvrent les deux Peuples les plus opposés par le tempérament, par le caractère, par les habitudes et par les idées, qui soient en Europe? Cette Nation (est-il permis de l'ignorer ou de l'oublier?), cette Nation que l'on rapproche aussi faussement de la France au nom d'une forme gratuitement qualifiée de principe, est, de toutes les Nations civilisées, celle qui s'en écarte le plus par les mœurs sociales et par les principes politiques réels, par les principes incarnés dans la vie des deux peuples? La France est le pays le plus égalitaire, et l'Angleterre, le plus aristrocratique et le plus féodal de tous les pays civilisés de l'Europe; et, malgré la forme constitutionnelle et les illusions d'un libéralisme anglomane, il est vrai de dire que l'Aristocratie est encore le sang et la vie de l'Angleterre si bien que, le jour où l'Aristocratie cessera d'y régner universellement, d'y être acceptée, professée et exercée par tous, depuis le pauvre inscrit jusqu'au Lord du Parlement, ce jour-là l'île Britannique tremblera sur ses fondements. La vérité est donc que, politiquement et socialement, les deux Peuples sont à des distances immenses: un Français doit aller à mille lieues dans toute autre direction pour être aussi loin de chez lui qu'il s'y trouve après avoir passé la Manche. Est-ce que la France n'a pas cent fois plus de rapports sociaux et moraux avec les deux Péninsules qu'avec l'Angleterre? est-ce qu'elle n'a pas, surtout, cent fois plus de communauté d'idées, de sentiment, cent fois plus de sympathies avec l'Allemagne, à laquelle elle tend, par l'Alsace, une main toute germanique? — Il faut que l'Angleterre cesse d'être ce qu'elle est, pour qu'il puisse y avoir une sympathie réelle entre les deux Peuples, un lien solide entre les deux drapeaux.—Voilà ce que la France peut oublier ; mais ce qu'elle n'oubliera jamais qu'à ses dépens.

Et puis, que parle-t-on ici de principes politiques? Est-ce que l'Angleterre s'occupe de principes dans ses Alliances? Soyons forts sur le Continent; cela nous assurera, mieux encore que la similitude des principes, l'amitié de l'Angleterre. Est-ce que l'on n'a pas vu maintes fois, et dans le même temps, l'Angleterre soutenir sur différents points des principes politiques opposés? Ne prêtez donc pas si gratuitement, bonnes gens de France, votre caractère à l'Angleterre.

On ne peut rien de plus concluant, on le voit bien, que ces deux grands arguments sur lesquels on assied l'Alliance anglaise, pour en prouver péremptoirement l'inutilité et la duperie.

Notre opinion sur cette Politique est aussi déterminée que nous la croyons raisonnable ; mais, qu'on y prenne bien garde : Déconseiller cette Alliance exclusive et sans But, qui paralyse la France et qui l'empêche de nouer ses fortes, ses magnifiques Alliances continentales; déconseiller cette Alliance servile, où nous ne saurions fonctionner qu'en satellite (puisque l'Angletterre ayant seule, dans cette association, un But et y marchant, possède seule un *mouvement propre* et nous entraîne); déconseiller cette Alliance, ce n'est certes pas, nous ne saurions trop insister sur ce point, ce n'est pas conseiller à la France un système d'animadversion et d'hostilité contre l'Angleterre!

Nous avons le droit de ne pas permettre que l'on oublie, en portant un jugement sur cet écrit, le caractère absolument humain et général de la Politique qu'il expose. Nous

n'y avons attaqué, Dieu et le bon-sens nous en gardent ! ni
la Russie, ni l'Angleterre. Nous n'avons attaqué que ce qu'il
y a d'égoïste dans la Politique de l'une et d'ambitieux dans la
Politique de l'autre. Il y a plus, nous avons pris soin de prouver qu'il serait ridicule de faire un crime à ces deux Puissances du caractère de leur Politique ; car nous avons montré que ces Politiques, résultant de la nature même des
choses, avaient dû se produire *telles qu'elles sont*, et que
même, dans l'histoire du développement de l'Humanité, ces
deux Nations étaient chargées, chacune, d'une Mission de
première importance.

Mais, de ce que l'on ne doit pas *accuser* les deux Peuples
des *données traditionnelles* de leur vie nationale, on n'en
doit pas moins apprécier leurs Politiques respectives et en
tenir compte *comme de faits* aussi longtemps que ces Politiques seront des réalités flagrantes. Et ne nous serait-
il pas permis, en appréciant ces faits, de glorifier Dieu de
ce que notre généreuse Patrie, unie à l'intelligente et philosophique Allemagne, ait reçu dans la répartition le plus
beau et le plus noble, c'est-à-dire le plus humain des grands
rôles !

Il est donc bien entendu que nous attaquons la Politique
de l'Alliance anglaise, parce que son caractère actuel est
étroit et exclusif ; que nous approuverions fort la conservation de cette Alliance, en tant qu'elle ne gênerait pas nos
mouvements sur le Continent ; et que loin d'attaquer l'Angleterre en elle-même, notre Politique a pour but d'amener
finalement cette Puissance excentrique à la Fédération européenne.

D'autre part, et pour répondre à ceux qui, trompés par la
vivacité de notre critique, n'en auraient pas bien saisi l'objet, nous éprouvons le besoin de rendre solennellement
hommage, ici, aux grandes facultés et aux qualités très dignes, très nobles et très généreuses qui abondent dans le caractère *individuel* des Anglais qu'il faut distinguer avec soin

8

du caractère de leur Politique insulaire, seul sujet que nous ayons mis en cause dans cet Exposé. — Non, non, et qu'on ne s'y trompe pas! nous professons qu'il n'y a pas, dans l'Humanité, de Peuple condamné; que tous sont appelés, que tous seront élus! et si nous remercions Dieu d'être né Français, c'est, avant tout, parce que les Intérêts et la Cause de la France se confondent directement avec les Intérêts et la Cause de la Justice, de la Liberté des Nations, et de l'Humanité.

Comme Complément de cet Écrit nous croyons devoir placer ici une *Appréciation, faite au point de vue du Système que nous avons exposé,* de la Politique suivie par le Gouvernement de Juillet et des obstacles qu'il a rencontrés dans l'état des esprits et des choses.

APPRÉCIATION.

DE LA

MARCHE DU GOUVERNEMENT

DEPUIS JUILLET 1830.

I.

PREMIÈRE PHASE.

Depuis la chute de Napoléon la France n'a pas joué de rôle actif en Europe; elle n'a pas eu, il faut le reconnaître, elle n'a pas eu politiquement et du fait des deux Gouvernements qui l'ont dirigée, l'influence que son génie l'excite invinciblement à prendre et à laquelle lui donnent droit sa grandeur, sa puissance.

Telle est l'une des deux grandes causes (1) des embarras intérieurs.

Deux systèmes, ou plutôt deux tendances se sont manifestées et combattues dès le lendemain de la Révolution de Juillet.

-----

(1) L'autre cause des difficultés dont il est parlé, tient à la nature de l'Organisation sociale elle-même, et spécialement aux vices de notre Régime industriel et commercial qui est encore dans un complet état de dérèglement et d'incohérence. Mais la *question intérieure*, l'Organisation de l'Industrie ou des rapports économiques, n'étant point le sujet de cette brochure, nous nous bornerons à en parler très généralement.

Depuis quinze années le Libéralisme minait lentement et sans avoir bien positivement la volonté ou l'espérance de la renverser, une Dynastie laissée sur la France par le reflux des armées étrangères. Tout à coup l'antique Dynastie tombe; le drapeau tricolore est arboré sur les Tuileries et flotte en un clin d'œil sur les quarante mille Maisons-Communes de France !

Il était impossible qu'une extrême ivresse ne s'emparât point, à cette vue, de tous les esprits jeunes, ardents, généreux. C'étaient tout ensemble les couleurs de cette Révolution terrible et grandiose sur laquelle s'étaient brisées les armées conjurées du Nord et du Midi, et le signe des victoires de cet Empire qui avait partagé, pétri, gouverné l'Europe; c'était le souvenir amer de nos défaites ressuscitant avec le dangereux symbole de notre force et de nos triomphes; c'était enfin l'arc-en-ciel de la Prospérité et du Bonheur public, car les Masses endoctrinées par un Libéralisme plus ardent que sage et non moins confiant et présomptueux qu'ignorant, croyaient avec bonne foi qu'un simple revirement de Gouvernement allait commencer l'Age d'Or en France.

Tirer l'épée : venger la France ; déchirer les traités *honteux* de 1815 ! affranchir les Peuples du *joug des despotes* ! répandre généreusement sur l'Europe ces fruits d'or dont on ne doutait pas que l'arbre des Révolutions ne se dût couvrir ! tels étaient les désirs, les vœux, les volontés qui éclatèrent impétueusement et composèrent un redoutable accompagnement au canon insurrectionnel de Juillet.

Alors on vit les Officiers de la vieille Armée redemander à l'envi leurs armes et leurs grades, les jeunes gens se précipiter aux enrôlements, et la Garde nationale se former par toute la France avec une spontanéité, avec un enthousiasme qui rappelaient la Fédération de 90. Les orateurs et les écrivains arrondissaient dans les Chambres, dans les clubs et dans les journaux, les périodes les plus belliqueuses; les Peuples faisaient éclater cette sympathie électrique qu'ils éprouvent

toujours pour les grands mouvements passionnés et synergi-
ques ; enfin les Cabinets surpris, frappés à l'improviste, restaient visiblement déconcertés.

Mais le paroxysme fut porté au comble quand bientôt les
insurrections de la Belgique, de la Pologne, de l'Italie, et
les agitations de l'Espagne, répondirent en écho, au Nord et
au Midi, à la voix révolutionnaire de la France.

D'ailleurs, on ne doutait généralement pas que les Puissances, remises d'un premier étonnement, ne se coalisassent
pour étouffer dans son foyer le feu révolutionnaire. Beaucoup
de gens, même parmi ceux qui ne partageaient nullement
les illusions politiques et sociales du Parti républicain, se
tenant obsolument convaincus que la Guerre était inévitable,
qualifiaient d'infâme lâcheté l'attitude du Gouvernement et
n'hésitaient point à croire que la trahison était assise sur le
Trône (1).

Ainsi l'excitation des mâles ambitions, l'orgueil patriotique, l'amour de la Liberté, la sympathie pour les Peuples,
l'expansion longtemps comprimée du caractère national, de
généreuses illusions révolutionnaires, tous les souvenirs
brûlants, tous les brûlants désirs se composèrent et se mê-
lèrent confusément.

Le résultat de ce mélange fut le Parti du *Mouvement*.

Ce Parti ne savait aucunement ce qu'il voulait : il ne pré-
cisait rien ; il ne formulait rien. C'étaient des sentiments,
des passions, du bruit, des entraînements ; mais point d'i-
dées, ou des idées vagues, illusoires et sans accord entre elles.
C'était un flot qui montait en grondant : ce n'était pas un
Système. Deux mots ou plutôt deux cris sortaient seuls

---

(1) Sans vouloir manifester par là d'autre prétention que celle d'être
sincère, l'auteur de cet écrit reconnaît qu'il a partagé pendant assez longtemps cette opinion peu intelligente.

distinctement du sein de ce Parti impétueux : la Guerre et la Propagande (1).

Ce Parti a été un péril immense. Avec les convictions les plus chaudes, les plus dévouées, avec les forces les plus vives, il portait en lui les espérances les plus ignorantes et les plus dangereuses. Sa Politique se réduisait à croire que la France pouvait faire, à coups de canon et d'insurrections, le bonheur des Peuples.... exactement comme les Libéraux avaient cru que la Prospérité de la France ne dépendait que d'un renversement de Dynastie, ou même d'un simple renversement de Ministère.

En poussant jusqu'au bout la logique révolutionnaire, le Parti du Mouvement mettait l'Europe à deux doigts d'un avenir inconnu, effrayant, à deux doigts de sa perte peut-être ; car si la France eût commandé le branle-bas d'une insurrection générale, ou bien elle eût été vaincue, ou bien la Démocratie eût violemment débordé sur toute l'Europe : Or, dans l'état actuel des idées et des Nations, la victoire absolue du Génie révolutionnaire eût été pour le Progrès, pour l'Avenir des Peuples, pour l'Humanité, un plus grand malheur encore, que la conquête et le démembrement de la France ! — Nous avons, pour parler ainsi, les plus graves raisons, — des raisons beaucoup plus fortes que les banalités avec lesquelles les Contre-révolutionnaires (2) appuient communément la même opinion.

(1) On peut encore caractériser ce Parti en disant que les hommes qui ont figuré jeunes dans ses rangs peuvent s'en honorer, et que ceux qui s'y sont enrôlés dans la maturité de l'âge ont donné par là une faible mesure de leur capacité politique.

(2) Ne serait-il pas temps enfin que l'on sût distinguer entre les *Anti-révolutionnaires* et les *Contre-révolutionnaires ?* Nous déclarons, pour notre compte, être beaucoup plus Anti-révolutionnaire que ne le sont communément les hommes du Parti gouvernemental actuel ; car ces hommes ne sont pour la plupart encore que des Révolutionnaires *émérites*, amendés par la crainte que leur inspirent des Révolutionnaires plus ardents et par l'intérêt de la possession du Pouvoir. D'autre part, cet intérêt de possession, joint chez eux à l'absence souvent complète des idées organisa-

Heureusement la Raison et les Intérêts ont opposé une puissante résistance à l'impétuosité des Sentiments et des Passions! Heureusement il s'est trouvé des Représentants de la Peur, pleins d'énergie et de courage ; des Apôtres de l'Egoïsme animés du plus grand dévouement : heureusement la Modération a eu ses sectateurs passionnés ; et la Peur, ses Codrus.

Ces hommes —, traités de lâches alors que la position qu'ils avaient choisie était la seule qui fût réellement dangereuse à cette époque —, ces hommes ont bravement opposé leur poitrine au flot révolutionnaire, et ils l'ont arrêté ; — ils ont arrêté le flot au péril de leur vie, tandis que leur vie n'aurait certes point été menacée par la guerre.

Les intérêts de l'industrie, de la propriété, du commerce, les intérêts, les idées et les forces de cette Classe moyenne qui avait préparé et fait la Révolution de Juillet, ralliés à la voix des hommes dont nous parlons, s'organisèrent donc en Parti compacte. Ce fut ainsi que s'éleva ce Parti pacifique, conservateur et de couleur égoïste, qui s'est appelé *Juste-Milieu*, et dont le véritable et même le seul caractère politique bien tranché s'est exprimé par ce mot : *Résistance*.

Ce Parti n'était qu'une Digue.

Ainsi, quoique la Raison, la haute Raison, fût réellement du côté de ce Parti, il faut le dire franchement, ce sont les Intérêts qui en ont fait la force : l'éducation politique du pays n'est point encore assez avancée pour que la Raison, à elle seule, soit en France un contre-poids suffisant aux Passions Nationales une fois qu'elles sont en mouvement.

trices, en fait quelquefois de violents Contre-révolutionnaires ; et, de ce côté encore, nous sommes fort éloigné d'eux.

En trois mots, un homme intelligemment Progressif et Anti-révolutionnaire sera aussi loin de tels personnages politiques, alors qu'ils se montrent en Contre-révolutionnaires au Ministère, que quand, relégués sur leurs bancs de Députés, ils s'y font Tribuns. — Notez que nous avons appelé ceux-ci des personnages politiques et non des hommes d'État, car, suivant nous, la première qualité de l'homme d'État leur manque.

C'est donc *un peu* par le Bon-Sens et *beaucoup* par les Intérêts que ce Parti a triomphé dans le pays.

La Raison, la haute Raison, disons-nous, était avec ce
Parti; son triomphe était légitime; c'était la meilleure cause :
et cela, PARCE QU'IL VOULAIT LA PAIX, parce que son énergie
a empêché la Guerre, et que la Paix est nécessaire au grand
travail qui doit aujourd'hui s'accomplir dans l'Humanité. Le
véritable mot du Progrès et de l'Humanité, comme le savent
bien ceux qui l'ont entendu, est aujourd'hui ORGANISATION,
ASSOCIATION, il n'est pas et ne saurait être RENVERSE-
MENT, RÉVOLUTION.

Le triomphe du Parti de la Paix en France était donc
conforme aux grands intérêts de la France et du Monde,
et comme nous l'avons déjà exprimé dans cet écrit, le maintien de la Paix européenne, à la suite de l'ébranlement général de Juillet, est le plus grand symptôme d'avancement, le
signe le plus heureux de stabilité qui se soit encore manifesté
dans l'Etat de la Civilisation et de l'Humanité.

En principe et en fait, le Gouvernement a donc agi dans les
intérêts de la France et du Monde en s'appuyant sur le Parti
pacifique, en proclamant la Paix, en résistant énergiquement au mouvement belliqueux et révolutionnaire, en renforçant la DIGUE, en se fortifiant sur elle.

Il y a plus; c'est que, pendant les premières années, le Gouvernement, qui avait adopté le *principe de la Paix*, ne pouvait
pas avoir une *influence active* considérable et régulière en
Europe. En effet, menacer l'Europe de la Guerre et de la
Propagande, était le seul moyen d'action efficace que lui
laissât son origine révolutionnaire; — mais ce moyen était
contraire à son principe de Paix.

Il fallait donc que le Gouvernement, avant de songer à
poursuivre en Europe un But quelconque, avant d'y prendre
un rôle actif et d'y fortifier son influence par des Alliances
convenables, eût d'abord rassuré, sur des craintes très naturelles, ceux contre lesquels il ne voulait point entamer une

guerre révolutionnaire ; il fallait qu'il eût prouvé, en s'affer-
missant et en contenant la Révolution, qu'il était fort en
France, qu'il n'y serait point débordé, que l'on pouvait
compter sur sa parole.

On a beaucoup répété que le Gouvernement n'avait donné
à l'Etranger que de honteuses preuves de faiblesse. Ce qui
est vrai pourtant, c'est que le Gouvernement a donné à l'E-
tranger de plus grandes preuves de sa force, en comprimant
la Révolution, qu'en gagnant vingt batailles.... Le gain de
vingt batailles n'eût prouvé que la force de la France ; —
or, de cette force-là personne ne doute, et les secousses qui
soulevaient alors tout le sol de l'Europe l'auraient assez rap-
pelée aux Puissances si elles l'eussent oubliée.

Ainsi, et sans vouloir examiner si un Grand Homme ou
si des Idées plus avancées que celles qui règnent généralement encore dans le pays, n'eussent pas pu imprimer
à la France une Politique supérieure à celle de son Gouvernement, nous formulons nettement ce premier jugement :

*Qu'à défaut de Génie (ce dont les Gouvernements ne sont
point encore responsables), et dans l'état effectif des Idées
politiques et sociales du pays, le Gouvernement de Juillet
a exercé une action bonne, sage et légitime, tant qu'a
duré la Phase de la Résistance légitime, c'est-à-dire, tant
qu'il n'a pas été décidément vainqueur* du Parti du Mouvement.

Tant qu'a duré cette Phase, en effet, le Gouvernement
pouvait dire avec raison, qu'il *avait un Système ;* et son
Système, au point de vue de la Politique générale que
nous avons exposée, était conforme aux grands Intérêts
de la France et du Monde, puisqu'il consistait à affermir
l'Ordre gravement menacé en France, et à donner au
Monde la garantie que la Paix générale ne serait point
détrônée par l'exaltation démocratique. — C'était un Système préalable, transitoire, mais enfin c'était un Système.

II.

Deuxième Phase.

Malheureusement, les hommes qui avaient si bien mé-
rité de la Raison, de leur Pays et de l'Humanité en conservant
la Paix à la suite de l'éruption de 1830 ; malheureusement, ces hommes qui s'étaient montrés sur la brèche en
soldats si courageux, et même en vigoureux capitaines;
malheureusement, ces hommes, une fois la crise passée,
ne se montrèrent point en hommes d'État à la hauteur,
nous ne pourrions pas encore dire, hélas! *des idées*, mais
des besoins de leur siècle! Ils ne comprirent point ce qu'il
y avait eu de légitime dans les sentiments de leurs adversaires et au-dessous de leurs emportements déplorables! Ils ne comprirent point, surtout, que si, dans des
temps de crise un Gouvernement peut être obligé de se
faire *gendarme* (qu'on nous permette l'expression en faveur de sa précision énergique), il faut qu'il se hâte, la
crise finie, de quitter ce triste rôle, et de passer de l'*Activité
répressive* à l'*Activité organisatrice et directrice.*

Il n'en fut point ainsi. — Le jour venu où ces hommes
politiques auraient dû donner enfin au pays la mesure d'une
véritable Capacité gouvernementale en *gouvernant réellement*, eux qui jusque là n'avaient fait que *résister et combattre* ; ce jour là, les uns se montrèrent dépourvus d'idées
organisatrices et gouvernementales ; et les autres, atteints
d'une monomanie bizarre et sombre, contractée dans ces
luttes ardentes, où ils n'avaient pas fonctionné avec cette
haute Raison, cette supériorité et ce calme intérieur qui
distinguent de véritables hommes d'État. On reconnut, en
effet, que ceux-ci s'étaient tellement identifiés aux procédés d'intimidation et de rigueur qu'ils les avaient érigés en
Moyens fondamentaux et en *But* de Gouvernement! Ils

faisaient occuper à la *Répression*, dans la définition du Gouvernement, la haute place qui appartient à l'Idée de la *Direction des esprits et des choses!* Et on les entendit, non sans stupéfaction, refaire en temps de calme les harangues passionnées avec lesquelles ils avaient excité leur monde pendant le combat! Enfin, quand il leur fallut donner à la tribune le dernier mot d'une Doctrine fameuse, il ne put sortir de celle-ci que Résistance, Résistance, et toujours Résistance...—La vacuité de ces théories fut dès lors évidente pour tout le monde.

Depuis l'époque que nous signalons, il n'y eut plus dans la Chambre que des facultés individuelles, des talents, des hommes influents; il n'y eut plus de Système de conduite gouvernementale, résolument poursuivi et fortement appuyé. Aussi longtemps que le flot révolutionnaire se montra menaçant, on parut gouverner en construisant vigoureusement et en renforçant la *Digue;* mais dès que l'élévation de la Digue ne fut plus un travail impérieux, un travail d'urgence; dès que ceux dont la manie était de continuer à la charger furent ridicules aux yeux de leurs anciens ouvriers eux-mêmes; du jour enfin où la France étant à peu près rentrée dans l'état normal, il eût fallu commencer à la *Gouverner* dans la belle et bonne acception du mot: on se vit sans Système déterminé, sans Idée, sans Doctrine; on ne sut enfin trouver aucun But utile, important, glorieux, ni à l'intérieur, ni à l'extérieur, sur lequel diriger l'activité des esprits.

Depuis ce jour, la division, la dissolution, sont dans la Chambre; depuis ce jour, la démoralisation s'y étale, et le Parlement est une arène de manœuvres et de cabales, où l'activité de l'intrigue tient la place de l'activité politique. La vacuité des idées laissant le champ libre à l'avidité des ambitions, celles-ci n'ont pas tardé à se montrer dans le déshabillé le plus cynique, et la Coalition est venue apposer sur la seconde Phase de l'époque que nous examinons un triste sceau de promiscuité, d'immoralité politique et d'impuissance.—Puisse cette scène pitoyable, qui a si bien résumé la petitesse de la Phase entière, être pour le pays un enseignement suffisant, le désabuser des vaines illusions qu'il prend depuis longtemps pour des réalités, et préparer enfin l'inauguration d'un véritable Système, d'un Système de *Politique active* à l'intérieur et à l'extérieur !

A dire vrai, nous sommes bien certain de la réalisation des vœux que nous formulons; toutefois il faudra encore attendre pour qu'elle soit complète. Les scènes de la Coalition, les tripotages et l'avortement qui l'ont suivie, ont sans doute, comme nous l'avions espéré et prédit (1), servi d'enseignement à bien du monde. Mais il ne faut pas se dissimuler que, malgré de grands désillusionnements, une Politique forte et nouvelle ne viendra qu'avec des Idées fortes et nouvelles. De nobles Idées, des Idées aussi larges, aussi conservatrices que progressives, sont en marche; l'Avenir leur appartient; mais elles n'entreront au Pouvoir, et cela est bon, que quand elles auront conquis l'Opinion, et probablement il leur faudra quelque temps encore pour achever cette conquête.

III.

DÉVELOPPEMENTS ET JUGEMENT.

Il importe que l'on se rende compte clairement des choses. Ces hommes, ceux-là même qui ont déposé leur bilan gou-

---

(1) « Cette fois, » disions-nous en parlant de la Coalition (*la Phalange*, N° du 15 février 1839), « cette fois, de l'excès du mal va sans doute naî-« tre le remède; car la France est trop sage pour que l'inutilité, la vanité « et le danger des luttes purement politiques ne lui apparaissent pas au-« jourd'hui dans un trop funeste éclat ! La Politique d'intrigues, de subti-« lités, cette Politique qui rappelle si bien les querelles du Bas-Empire, « ne résistera pas à cette dernière épreuve. — Et la Politique large et « pacifique à laquelle il appartient de donner aux Peuples la Liberté, la « Dignité et le Bonheur, par le développement des améliorations positives « et sociales... cette Politique arrive à grands pas. »

vernemental en tenant une si folle conduite dans les
Chambres et autour du Pouvoir, sont en général des hommes honnêtes et intelligents ; il y a même parmi eux de
grands talents, de grandes facultés, et l'on se tromperait
étrangement en accusant ces hommes d'être les causes du
mal. *Rapporter le mal aux hommes*, c'est l'erreur des petits
esprits et des Partis — dont les haines sont toujours pleines
de petitesse et d'inintelligence. Le mal ! il est dans l'état général des choses et des idées ; pour s'en convaincre, il suffit de
se faire cette question et d'y répondre franchement : *Que
pouvait-il sortir de la Révolution de Juillet ?*

Il est sorti de la Révolution de Juillet ce qui pouvait en
sortir de mieux et ce qui en devait naturellement sortir. En
effet, et très évidemment, les trois jours de Juillet ont bien
pu donner le Pouvoir au Parti libéral ; mais ces trois jours
ne pouvaient pas donner subitement à ce Parti des Idées politiques qu'il n'avait pas. Or, comment les hommes du Parti
libéral auraient-ils eu des Idées gouvernementales, un Système de conduite gouvernemental, eux qui ne s'étaient nullement occupés de déterminer les conditions de Gouvernement
convenables à l'état social contemporain ? eux qui, au contraire, n'avaient travaillé qu'à saper les bases mêmes de
toute Autorité, dans le but d'affaiblir ou de renverser un
Gouvernement qui leur déplaisait !

Le Parti libéral, il faut en convenir aujourd'hui, n'était
qu'un Parti *révolutionnaire,* une Opposition ; Opposition ardente, compacte, habile même ; mais qui n'était unie que par
une idée commune de Renversement ! Ce n'était point en
exposant à la Nation des *Doctrines positives*, des *Doctrines
d'Organisation*, en lui enseignant *comment la vie sociale
devrait être régularisée dans ces temps-ci*, comment la Nation
devrait être conduite, que les chefs du Libéralisme avaient
conquis leur Popularité dans le pays. Loin de là ; ils
n'avaient conquis leur popularité qu'en développant des *Négations*, qu'en propageant avec ardeur des sentiments de

défiance, de mépris, de haine contre les Gouvernements ! Ils n'avaient rien organisé que la guerre contre l'Autorité; mais, on doit leur rendre la justice de le dire, ils l'avaient organisée sur un plan fort large, depuis le cabaret de village jusqu'aux salons des Princes de la Finance, et souvent même des premiers Officiers de l'Administration et de l'Armée. — Nous citons des faits : on doit nous permettre de citer les faits.

Si l'on voulait même être tout-à-fait juste, il faudrait reconnaître une chose ; il faudrait reconnaître que l'Opposition n'a fait, depuis Juillet, que continuer les erremenls du Libéralisme de la Restauration, et que les Républicains, les Factieux, les Émeutiers, n'ont fait (on doit encore dire ceci) qu'en appliquer un peu rudement, un peu brutalement et beaucoup plus maladroitement que leurs devanciers, les principes. Pourquoi les Libéraux qui sont au Pouvoir aujourd'hui ne l'avoueraient-ils pas franchement? pourquoi ne reconnaîtraient-ils pas que les Révolutionnaires actuels ne sont que leurs continuateurs sous des formes plus âpres? Cela ne rend pas la cause de ceux-ci meilleure.

Les Doctrines de l'Ecole libérale, disons-le pendant que nous y sommes, étaient plus funestes à la Société et plus fausses que celles de la Démocratie proprement dite. La Démocratie n'est pas *anti-gouvernementale* en principe, au contraire; et c'est, au fond, parce qu'elle croit le Suffrage universel capable de constituer le Pouvoir le plus légitime, le plus solide, le plus fort, qu'elle veut le Suffrage universel. La logique démocratique aboutit directement à l'idée d'un Gouvernement très fort, très respectable. C'est là, sans doute, une utopie politique dangereuse, parce qu'elle est irréalisable dans les conditions sociales existantes ; mais ce n'est peut-être pas aussi dangereux en soi, et ce n'est à coup sûr pas aussi faux en principe que le niais *Laissez faire, Laissez passer*, qui était la devise et toute la Science politique de l'École libérale, —de cette Ecole alerte, spirituelle, pleine de gens de talents et aussi de gens de cœur ; mais en même temps très vaine, très étourdie, très superficielle, qui n'avait en fonds que des Négations, et qui excluait systématiquement, des affaires politiques et des affaires sociales, le principe même de l'Autorité et de la Direction.

Le grand principe de la Politique du Libéralisme, la grande formule où il se résumait tout entier, la maxime qu'il a enseignée avec non moins de succès que de zèle, n'était-ce pas celle-ci?

« Que LES GOUVERNEMENTS SONT DES ULCÈRES, et que » le *grand travail des peuples doit être de les réduire.* »

Il y avait sans doute, au fond de ce Parti comme au fond de toute manifestation humaine, une réclamation, une pétition, une aspiration légitimes. Comme tout autre Parti, celui-ci avait, dans les conditions mêmes de la Société, son origine et sa raison d'être; mais on conviendra facilement que le Libéralisme arrivant au Pouvoir devait trouver de la difficulté à gouverner la France, précisément parce que la France était fort libérale! On conviendra, en outre (et c'était ce que nous voulions surtout mettre en lumière), qu'avec le fonds d'idées qu'elle apportait au maniement des affaires, l'Ecole libérale était *peu préparée à gouverner!*

— On peut véritablement dire, dans un sens, que la Révolution de Juillet a été un mauvais tour joué par le Destin à ces Publicistes du Libéralisme que, par dérision, il appelait à gouverner,— à gouverner avec leurs antécédents, et à gouverner, qui pis est, dans un pays tout plein de leurs leçons, tout imbu de leurs doctrines!

Heureusement, au-dessous des pauvres et dissolvantes doctrines du Libéralisme, il y avait, dans ce Parti, de grands intérêts, du bon-sens, une haine forte et raisonnée de la Guerre, et une peur extrême de l'Anarchie—de l'Anarchie où ses doctrines conduisaient tout droit, cependant, sans qu'il s'en fût jusque-là positivement douté.

Les nouveaux Gouvernants comprirent donc, à la première

vue d'une Révolution dont la brusque logique les avait déjà singulièrement surpris, qu'il était temps d'arrêter les conséquences des prémisses par eux si imprudemment posées. A peine se virent-ils le Pouvoir entre les mains, à peine se trouvèrent-ils chargés de cette grave responsabilité qu'imposent le soin et la conservation d'un Etat, qu'ils apprirent des choses dont le vulgaire ne peut pas avoir le sentiment, et qu'il est même impossible à des hommes forts de comprendre, tant qu'ils font partie d'une Opposition ardente.

Mais ces Nécessités, dont le sentiment leur vint soudainement, ne pouvaient pas leur donner des Idées organisatrices, des Doctrines vraiment gouvernementales, enfin un Système arrêté, sur la Direction qu'il eût pu convenir d'imprimer immédiatement à la Société. Ils furent donc réduits à faire ce que l'on avait fait souvent avant eux, ils furent réduits à se servir du Pouvoir pour *comprimer* un mouvement désordonné qu'ils ne pouvaient pas *régler*, pour *résister* à un danger flagrant qu'il n'était pas en leur Science de *prévenir*.

On comprendra maintenant ce que nous disions tout à l'heure : que si la victoire fût tombée aux mains de quelque grand Génie, ou si les esprits en France eussent été imbus, lors de la Révolution de Juillet, d'idées bien différentes des doctrines libérales, c'est-à-dire d'*Idées organisatrices;* on comprendra qu'il eût été possible alors que la Nation reçût et acceptât une Direction, que le Gouvernement passionnât les esprits pour quelque grand But : — Et, certainement, si la France eût été occupée, et les esprits actifs, entraînés dans une œuvre sympathique au Génie national, ou conforme à des *Idées accréditées;* certainement le Pouvoir nouveau n'eût été que très faiblement attaqué, et la Résistance n'eût réclamé qu'une mince part de ses forces.

. Mais il est de la plus parfaite évidence qu'il n'en pouvait être ainsi, que ceci était impossible, que le nouveau Gouvernement ne pouvait en aucune façon imprimer une *Direction quelconque* à la France, puisque l'Ecole libérale, loin d'apporter au Pouvoir un *Système quelconque de direction*, n'y apportait au contraire que la *Négation même du principe de la Direction* : 1º dans l'ordre Politique; 2º dans l'ordre Economique ou Industriel; 3º dans l'ordre de la Science et de l'Education; 4º dans l'ordre de la Religion; en un mot, dans toutes les branches de l'Ordre social.— Jamais Négation d'une Prévoyance sociale, d'une Action directrice et gouvernementale, n'avait été plus tranchée, plus générale, plus systématique et plus complète! C'était l'Absolu de la Négation....

D'ailleurs, il n'y avait pas plus d'idées positives, pas plus de vues organisatrices dans les rameaux divergents du Libéralisme, dans les Partis turbulents qui se formèrent bientôt, dans la France tout entière, qu'il ne s'en trouvait dans l'Élément bourgeois qui avait conquis le Pouvoir. — Il ne faut pas, en effet, donner le nom de Système à de simples manifestations plus ou moins incohérentes ou plus ou moins compactes de Sentiments, de Passions, de Besoins, fussent-ils tous légitimes : Un Système est tout autre chose ! un Système, c'est un *Ensemble de moyens*, à l'aide duquel on discipline ces Sentiments, à l'aide duquel on combine, on organise, on dirige ces Passions, à l'aide duquel, enfin, on donne satisfaction à ces Besoins, au profit de la Chose-publique.

Relativement à l'*Extérieur* l'Ecole libérale n'avait pas plus de *Système politique* que pour l'*Intérieur*.

Aussi, imaginons-nous que si les chefs du Libéralisme, qui se sont trouvés au Pouvoir après Juillet, ne perdirent pas immédiatement, par ce choc violent, la mémoire de leur opposition de la veille, ceux d'entre eux qui possédaient l'esprit d'examen philosophique purent reconnaître, et reconnurent sans doute :

9

1. Qu'il ne saurait suffire (comme ils l'avaient cru) d'un renversement de Ministère, d'un plus grand amour de la Charte, ni même d'un changement de Dynastie, pour rendre la France riche, prospère, heureuse et contente : Et qu'il ne saurait suffire (comme ils avaient fait) de harceler, de tourmenter, d'attaquer aussi vigoureusement ou aussi habilement que possible, le Gouvernement de son Pays, pour remplir les devoirs de bon citoyen et pour prouver que l'on entend la Science du Gouvernement ;

2° Que si les manœuvres d'Opposition et les grands mots Constitution, Charte, Liberté, Principes parlementaires, prononcés dans de belles harangues qui passionnent les masses, ne suffisent pas pour constituer une Politique *intérieure;* les mêmes manœuvres et les grands mots Honneur national, Dignité de la France, et tous autres analogues, prononcés à la Tribune aux applaudissements du public, ne suffisent pas davantage pour constituer une Politique *nationale extérieure.*

Voilà ce qu'apprirent, et ce que confessèrent sans doute dans l'humilité de leur cœur, les hommes éminents qui, après avoir fait quinze ans, dans le Libéralisme, de la critique pure et simple, du pur et simple *anti-gouvernementalisme* (si l'on veut nous passer ce mot barbare), se trouvèrent un beau matin sur les bras le gouvernement de la France.

Maintenant que nous ayons rapporté avec impartialité les faits généraux, nous sommes en mesure de les résumer et de développer une appréciation politique assez complète. Reprenons notre division des dix années qui viennent de s'écouler en deux Phases : la Première, celle du trouble, des attaques violentes et de la Résistance obligée ; la Seconde, celle du retour à la tranquillité et du triomphe décidé du Gouvernement nouveau,

Sur la première Phase :

On doit le reconnaître, il était inévitable que la Révolution de Juillet soulevât des passions que les Nouveaux-Gouvernements étaient dans l'impossibilité absolue de contenter immédiatement soit à l'INTÉRIEUR, soit à l'EXTÉRIEUR :—A l'*Intérieur*, en effet, ils manquaient absolument, comme les autres Partis, de l'idée même d'un Système organisateur, de toute vue de Direction ; de plus, ils se trouvaient en pleine impuissance de développer *cette grande Prospérité* que le pays *était en droit d'attendre d'eux*, puisque eux-mêmes avaient fait croire au Pays que toutes ses misères n'avaient d'autre source que la mauvaise volonté du précédent Gouvernement et de ses Ministères *déplorables*. — Pareillement, à l'*Extérieur*, voulant avec raison la Paix, mais manquant comme le Pays lui-même, d'un Système de Politique *pacifique-active*, ils étaient condamnés à une Politique *pacifique-passive* qui ne faisait qu'irriter davantage les passions exaltées. En outre, (et ceci domine toute cette face importante de la question) eussent-ils possédé un Système, eussent-ils même voulu le triomphe de cette *Politique générale* que nous croyons la meilleure, nous avons prouvé qu'elle ne pouvait se poser et se développer qu'après l'apaisement du trouble révolutionnaire excité en Europe par les Évènements de Juillet, et après la consolidation décidée, en France, d'un Gouvernement non-révolutionnaire, non-propagandiste (1).

---

(1) Il n'y a rien de plus absurde que de croire qu'un Gouvernement doit être révolutionnaire de *principe*, parce qu'il est révolutionnaire d'*origine*. Un Gouvernement, si ce n'est en cas de guerre, et en cas extrême, ne peut, sans attaquer le sens même des choses et sans nier son propre principe, se montrer apôtre de l'insurrection. Il faut qu'il accepte les faits, qu'il procure, autant qu'il est en lui, les satisfactions légitimes au nom desquelles a été faite la Révolution d'où il est sorti, qu'il consacre et développe tout ce qui peut avoir été gagné par cette voie désastreuse ; mais qu'il sache blâmer et répudier l'esprit révolutionnaire et faire oublier promptement, à force de bienfaits et de sagesse, qu'il sort d'un cataclysme. Sans doute la position est difficile pour des Révolution-

Dans l'impossibilité avérée où était le nouveau Pouvoir d'organiser une Direction systématique et forte de l'Activité nationale à l'Intérieur et à l'Extérieur, le Gouvernement a donc dû mettre toute son activité :—D'une part, à s'établir, à s'asseoir, à se consolider, à assurer au moins au pays le cours ordinaire de la Justice, la régularité de l'Administration et la Sûreté publique; — il a dû, d'autre part, donner à la grande Société européenne la garantie que la Paix ne serait point troublée du fait de la France,

Or, si nous avons prouvé que, dans l'état donné des choses et des esprits et faute d'un *postulatum* alors irréalisable, la *vigueur de la Répression* était nécessaire pour atteindre ces résultats, nous avons pleinement montré par là en quoi et pourquoi la *Résistance a été légitime*.

Si nous avons prouvé d'un autre côté, que des Besoins très respectables, des Sentiments très dignes, des Sympathies très françaises, très humaines, restaient comprimés et ne recevaient pas satisfaction sous le nouveau Gouvernement, nous avons montré pleinement aussi, par cela même : que le Parti du Mouvement, *en tant que représentant les réclamations de ces Besoins et de ces Sympathies*, possédait un élément très noble et très *légitime*.

Ainsi, ces deux Partis s'appuyaient chacun sur une base *légitime*, et, en même temps, *ils se faisaient la guerre*. Il résulte, de là, *à priori* que l'un des deux et peut-être tous les deux contenaient aussi quelque chose d'*illégitime;* effectivement :

Le Parti du Mouvement, sans avoir plus que le Gouvernement de Système organique arrêté, comptant même dans son sein des drapeaux opposés, nourri de toutes les illusions

---

naires de la veille ; mais il faut qu'ils s'exécutent, qu'ils reconnaissent leurs erreurs, qu'ils se gardent bien surtout de devenir *Contre-révolutionnaires*, et que, tout en se montrant *Conservateurs* comme cela est d'obligation pour les membres de tout Gouvernement, ils se mettent en même temps *à la tête de tous les Progrès possibles* dans la Société,

révolutionnaires du Libéralisme et poussant beaucoup plus loin que celui-ci l'audace, n'était, malgré l'excellence des Sentiments qu'on trouvait en lui, qu'un Parti perturbateur en France et perturbateur en Europe. Trop jeune, trop fougueux, trop emporté pour comprendre la haute importance de la Paix et surtout la possibilité de la conserver, ainsi que les Nécessités d'une situation momentanément passive, il ne voyait d'essor à ses désirs, à l'Intérieur que par la Révolution, et à l'Extérieur que par la Guerre. Légitime dans ses *mobiles*, dans ses *désirs*, ce Parti était souverainement illégitime dans ses *moyens* illusoires et tout-à-fait subversifs.

Le Parti de la Résistance, à son tour, avait bien pour lui la Raison, les grands Intérêts de l'Humanité, attachés, comme nous l'avons vu, au maintien de la Paix. Il voulait la Paix, il voulait un Gouvernement constitutionnel modéré, il était très décidé à ne pas recommencer les effroyables expériences politiques tentées quarante années plus tôt : tout cela était ou absolument ou relativement légitime. Les intérêts matériels qu'il représentait étaient également fort légitimes.—Malheureusement, outre cette absence d'un Système véritable de Politique intérieure, que nous avons signalée, ou, pour dire plus vrai, à cause de cette ignorance absolue de toute Science sociale positive, ce Parti ne comprenant pas que les Sentiments de ses adversaires étaient légitimes, qu'il serait possible de leur donner satisfaction par des moyens salutaires, confondit dans sa réprobation et ces Sentiments et les Voies fausses et perturbatrices par lesquelles ils essayaient de se faire jour.

Ainsi, l'on vit nombre des organes, des chefs et des soldats du Parti de la Résistance, emportés par une réaction, à l'énergie de laquelle on doit rendre grâce puisqu'elle a épargné de grands malheurs, mais dont il faut déplorer l'étroitesse et l'aveuglement; on les vit trop souvent faire mépris de ce qu'il y avait de juste et d'humain dans les désirs, de noble et de sympathique dans les passions de leurs

antagonistes : trop souvent, dans ce Parti, on se montra
dépourvu de générosité et de grandeur; trop souvent on hu-
milia, on trahit le génie national, en prêchant, jusques à la
Tribune des doctrines d'un égoïsme absolu. La Chambre élut
longtemps pour *Représentant temporaire* (1) de la France
un homme qui avait eu le malheur de faire, à la Tribune de
France, d'indignes plaisanteries sur la Pologne, pendant que
cette héroïque et malheureuse Nation, excitée par notre
exemple et trahie par les promesses de notre médiation impuissante, râlait sous les coups du Czar (2)! un homme qui
avait prêché, avec une conviction extrême, une maxime aussi
anti-française qu'elle est contraire au premier principe de
l'Evangile et de l'Humanité; une maxime d'une immoralité
vraiment odieuse quand on la détourne de son application
à l'ordre de la défense judiciaire pour l'appliquer aux sentiments de charité, de générosité, et la tourner contre le
principe de la solidarité humaine; enfin la fameuse devise :
Chacun chez soi, chacun son droit (3).

---

(1) Le Président de la Chambre est le Représentant temporaire de l'é-
lément temporaire, c'est-à-dire de la pensée du pays, comme le Roi est le
Représentant permanent de la Nationalité qui en est l'élément permanent.

(2) Nous ne pouvons laisser passer cette occasion de montrer ici combien sont déplorables les manifestations actuelles du Libéralisme français
et anglais relativement à la Nationalité polonaise. Voici ce que nous disons à cet égard : —Si vous voulez et si vous pouvez le rétablissement de
la Pologne, faites-le savoir à l'Empereur, et disposez-vous, sur un refus, à
l'entreprendre : Sinon, taisez-vous, car vos paroles n'ont d'autre effet que
d'éterniser la révolte, et par conséquent d'organiser la torture perpétuelle de cette malheureuse Pologne, dont vous êtes les *vrais bourreaux*
dès que, ne pouvant ou n'osant la secourir, vous l'entretenez pourtant
dans une résistance qui n'est plus qu'un martyre continu. On dira peut-
être que la Pologne incorporée à la Russie serait une grande augmentation
de force pour la Russie, que la Pologne saignante est au contraire une
grande plaie au flanc de cette Puissance, et *qu'il est politique* d'entretenir
cette plaie saignante.—Nous répondons, nous, que cela *est infâme*, et que
si c'est avec une Politique pareille que l'on doit retarder l'envahissement
de l'Europe par la Russie, nous sollicitons instamment, de la bonté de
Dieu, le plus prompt envahissement.

(3) Cette maxime a été flétrie par une protestation plus sévère que la
nôtre; la voici :
« L'un d'eux a prononcé en présence de toute l'Assemblée, et l'on sait

La lutte sous la Restauration était, fondamentalement, une lutte de la France *bourgeoise* et de ses intérêts, contre la France *féodale*. Les mots d'Honneur national, de Progrès, de Liberté, qui brillaient d'un éclat trop ambitieux sur le drapeau de la Bourgeoisie pendant la lutte, pâlirent après la victoire, et l'on vit paraître à leur place de fâcheux caractères de l'élément mercantile et matériel qui prédomine, il faut le dire, dans les données intimes de la Société contemporaine.

On comprend sans doute clairement maintenant le jugement que nous portons sur les Partis qui nous ont divisés, et l'on ne sera plus étonné que, tout en proclamant *légitimes en eux-mêmes* ces intérêts matériels (qui ont d'ailleurs rendu l'éminent service de barrer la voie dangereuse où la fougue des sentiments eût précipitée la France), nous entendons néanmoins signaler comme absolument *illégitime en soi* le *despotisme des Intérêts sur les Sentiments* nobles et généreux, c'est-à-dire le principe de l'*Egoïsme politique et social.*

Il est donc avéré que, à côté du bon-sens dont il a fait

« à quelle occasion, cette abominable maxime : *Chacun chez soi, chacun* « *son droit.* Si les Députés avaient eu le sentiment non-seulement de la « dignité de la France, mais de leur propre dignité, ils auraient chassé « du milieu d'eux cet homme dont le cœur doit être profondément et « aveuglément égoïste ; car, il faut encore le répéter, entre les nations « comme entre les hommes, il y a une intime responsabilité.

« Les Députés ignorent-ils donc que les Rois de l'Europe peuvent « tourner contre la France elle-même cette honteuse maxime ? Car enfin « la France trouble le repos de l'Europe incessamment. Or, est-ce l'Eu- « rope qui appartient à la France, ou la France qui appartient à l'Europe ? « Et l'Europe ne peut-elle pas se dire qu'elle a le droit de faire régner « l'ordre chez elle ? (— 1832. — *Dangers de la situation actuelle de la France,* 1 vol. in-8°, par A. MAURIZE.) — Livre à lire.

Nous ne ferons que deux observations ; la première c'est que, comme nous l'avons déjà dit, on ne doit pas conclure d'une manière positive de l'égoïsme d'une doctrine à l'égoïsme de son partisan ; la seconde, c'est qu'une doctrine qui soulevait chez des hommes graves et consciencieux, comme l'auteur cité, une indignation semblable, n'était pas seulement un crime en *morale,* mais qu'elle était encore, par le fait même de la répulsion absolue qu'elle devait rencontrer dans la générosité nationale, une grande faute en *politique.*

preuve et du service qu'il a rendu par son énergie à la France et au Monde, le Juste-milieu français ne possédait, pas plus que tous les autres Partis, un Système de Politique positive, et qu'il recélait particulièrement un élément illégitime d'*Egoïsme*.

Tant qu'il fut attaqué fortement à l'intérieur, tant que l'activité de la Résistance lui tint lieu de Système, et que l'Égoïsme même rendit ses rangs plus compactes, il n'eut guère à souffrir du défaut et du vice que nous venons de signaler. Mais ces causes de dissolution ne pouvaient manquer d'agir dans ce Parti après la victoire.

C'est ce qui ne tarda pas à avoir lieu, et c'est ce qui fait l'histoire de cette Seconde Phase, dans laquelle nous nous trouvons encore.

On peut dater l'ère de cette Seconde Phase d'un évènement déplorable en lui-même (1), mais qui amena dans les esprits la disposition la plus favorable à la paix intérieure, et qui eût singulièrement facilité l'inauguration d'une Politique nouvelle si les représentants du Juste-milieu, dans la Chambre élective, eussent été doués d'une intelligence suffisante pour en profiter. Ajoutons que la Chambre des Pairs, qui venait de donner à l'Ordre et même à la Répression (2) des garanties qu'il est naturellement superflu de lui demander, pouvait, à défaut de cette intelligence dans la Chambre élective, reconquérir une haute importance en modérant la réaction contre-révolutionnaire peu sensée de Septembre (3). Le rôle de la Chambre des Pairs était magnifique : elle ne l'a pas su comprendre, et elle est restée une Chambre d'enregistrement.

Cette réaction, dont nous blâmons bien plus la passion et l'inintelligence que les résultats législatifs, mit à nu la nullité

---

(1) L'attentat de Fieschi, voyez la Note F.
(2) Par le procès d'avril.
(3) Voyez encore la Note F.

de la Science et du Génie politiques du Juste-milieu ; et quoique l'on eût encore, de temps à autre, l'air de gouverner, grâce à la bonne fortune de quelques malheurs, comme l'échauffourée de Strasbourg ou comme ces affreux attentats dont la Personne royale semblait destinée à fournir à ses ministres une sorte de revenant-bon régulier, le VIDE NE POUVAIT PLUS ÊTRE REMPLI. Le pire c'est qu'on essaya de le masquer avec de nouvelles lois de rigueur très maladroites, avec de puériles tendances, très maladroites aussi, vers les façons monarchiques d'une époque trépassée, et enfin avec des lois de forme féodale, plus maladroites encore. Tout cela tomba à plat comme il en devait être. Dès lors, et quoi que l'on fît dans la Chambre pour donner à un projet de finance (1) un volume enflé et une certaine figure, il fut bien avéré qu'il ne restait absolument rien sur le tapis, et qu'il n'y avait pas davantage dans les têtes...

Ainsi, toute diversion politique un peu sérieuse manquant, le champ de bataille restait à cet élément funeste que le Juste-Milieu portait dans son sein, et qui n'avait pu que se développer rapidement dans de semblables conditions.

Aussi l'Égoïsme se montra-t-il bientôt maître de la Chambre : il brisa les Partis, fit des coteries de leurs débris, et, de leurs principaux talents, des *meneurs*. Finalement tout se réduisit très nettement à de *pures questions de personnes* dans cette *instructive* Coalition où, pendant quelque temps encore et par la force d'une vieille habitude, beaucoup de gens honorables crurent *faire de la Politique*.

Le *Juste-Milieu* a donc péri par le développement de son élément *illégitime*, c'est-à-dire de son principe *égoïste*, comme le Parti du Mouvement avait péri par le développe-

(1) La Conversion des rentes, question qui ne fut comprise par personne dans la Chambre ; nous croyons du moins l'avoir clairement démontré dans une brochure intitulé : *La Conversion c'est l'Impôt*. La question paraissant devoir être reprise, nous demandons la permission d'indiquer que cette brochure pourra être consultée avec fruit.

ment de son élément *illégitime*, c'est-à-dire de son principe *révolutionnaire*.

On ne saurait contester que ces deux Partis, serrés et compactes il y a quelques années, ne soient effectivement *morts*. Aujourd'hui il n'y a plus de *Juste-Milieu*, et l'extrême division des idées et des hommes éparpille également les restes du Parti opposé.

« Mais, » entendons-nous dire, « si quelque grave danger « se présentait soudain, vous verriez vite le *Juste - Milieu* « reparaître; donc il n'est pas mort! » — Il ne nous manquait que ce trait pour achever de caractériser ce que l'on a pris, dans ces temps-ci, pour de la Politique, pour un Système de Gouvernement, un Système de conduite. Que l'on souffre une comparaison : — Un navire est sans but, sans direction et sans boussole; personne, dans l'équipage, ne sait positivement de quel côté il faut faire voile pour trouver le port, personne n'entend la manœuvre, et tous se disputent, en confusion, les insignes du commandement et la barre du gouvernail. Au milieu de cette anarchie, soudain, une voie d'eau se déclare; chacun court aux pompes, et les efforts communs maîtrisent ce commun danger. Une autre fois, l'incendie éclate et rallie momentanément encore les activités divergentes, — Eh bien! qu'est-ce que ces accidents ont appris sur la marche qu'il faut donner au navire? Le problème du gouvernement de ce navire, *But* et *Moyens*, ne reste-t-il pas tout entier, et peut-on dire que le navire a été gouverné pendant que tout l'équipage était aux pompes? — Or, maintenant, que l'on nous dise si l'on a *gouverné*, quand l'on n'a fait autre chose, depuis dix ans, que de boucher des voies d'eau, ou d'éteindre des incendies? Singulier Gouvernement que celui qui ne peut se sentir de la force et de la vie que grâce à des accidents!

Il faut donc se résigner à n'avoir pas de *Parti gouvernemental* fort, compacte, tant que l'on n'aura pas un *But national* et des *Moyens* pour entraîner vers ce But l'activité des esprits. Mais aussi, quand l'on possédera enfin un But national convenable, le *Parti gouvernemental* sera la *Nation tout entière*, et la tranquillité ne sera plus un affaiblissement pour le Gouvernement.

Pour achever l'*Appréciation* que nous avons essayée, nous devons faire remarquer un fait de la plus haute importance en même temps qu'il est du plus heureux augure pour notre pays et pour l'avenir de l'Humanité ;

C'est que l'élément ILLÉGITIME que nous avons reconnu dans chacun des deux Partis, n'y est aucunement *essentiel*, c'est-à-dire que cet élément n'est pas *nécessaire au développement* des ÉLÉMENTS LÉGITIMES que ces Partis représentent spécialement.

La conséquence immédiate de cette proposition, si elle est vraie, c'est que les Guerres que ces Partis se sont faites, au grand dommage de la Patrie, n'ont été que des *erreurs temporaires*, qu'il n'existe pas une OPPOSITION ABSOLUE entre les intérêts sociaux particulièrement exprimés par chacun de ces Partis, et enfin : que le RALLIEMENT et L'UNION DÉFINITIVE de *ces Intérêts* et de leurs *Représentants spéciaux* dans une CONCEPTION SYSTÉMATIQUE large, positive et qui satisferait pleinement les uns et les autres, est le problème que les Intelligences dévouées au Bien commun doivent résoudre, et dont la solution réclame, pour passer en acte, des hommes d'Etat vraiment dignes de ce beau titre.

Or, les éléments essentiels dont le sentiment spécial faisait le principe légitime des deux Partis étaient :

Pour celui du Mouvement ;

A l'*Intérieur*, les intérêts de la Liberté et le développement social des Classes inférieures ; — à l'*Extérieur*, le sentiment de la Dignité, de la Gloire nationale, et de nobles Sympathies pour les Peuples :

Et pour celui de la Résistance ;

A l'*Intérieur*, la Raison, les intérêts de l'Ordre, la Conser-

vation des avantages acquis par les classes moyennes, la stabilité ; — à l'*Extérieur*, la conservation de la Paix générale.

Or, nous avons montré déjà, par l'Exposition du *Système
pacifique-actif* que l'on peut inaugurer une *Politique extérieure* qui satisfasse également les désirs *pacifiques et raisonnables* des uns, et les désirs *sympathiques et noblement
passionnés* des autres.

Pour compléter la haute thèse de l'UNION FINALE des
Partis, ou plutôt de l'UNITÉ POLITIQUE en France, il reste-
rait à produire un *Système de Politique intérieure*, immédiatement applicable, et qui satisferait également, aussi, les
désirs légitimes des deux Partis, celui de l'Ordre et celui
de la Liberté, celui de la Conservation et celui du Progrès.
— C'est ce que nous nous proposons de faire dans un écrit
qui sera le pendant du travail que nous offrons aujour-
d'hui ; et qui aura pour principal objet la proposition d'un
NOUVEAU DÉPARTEMENT MINISTÉRIEL, nécessaire désormais
au Gouvernement de la France, et en général de toute
Nation ou se développe rapidement l'*Activité pacifique et
productive*; nous voulons dire : Un MINISTÈRE DES PRO-
GRÈS INDUSTRIELS, ET DES AMÉLIORATIONS SOCIALES.

Ce Ministère, tel que nous en développerons la constitution et les attributs, ferait immédiatement passer la *Politique intérieure* de l'ÉTAT PASSIF à l'ÉTAT ACTIF, c'est-
à-dire qu'au caractère actuel du Gouvernement, qui est
purement *administratif* et *conservateur*, il ajouterait enfin
le caractère de la *Direction* et du *Progrès*.

Quand bien même on refuserait son adhésion à la Politique que nous avons exposée, on ne pourrait se dispenser
au moins de comprendre et de reconnaître :

Qu'il n'y a pas eu en France, depuis 1830 (pour ne pas
remonter plus haut) de Politique positive ;

Que l'absence notoire de toute Direction positive ou déterminée par un But supérieur, dans les affaires de l'Intérieur et dans celles de l'Extérieur, n'est pas imputable *spécialement* aux hommes qui ont occupé le Pouvoir;

Que tous les hommes politiques, tous les Partis et toutes les Factions se sont montrés aussi dépourvus les uns que les autres, d'un véritable Système politique et social;

Qu'autant il pourrait être *légitime* de renverser un Pouvoir qui s'opposerait délibérément à l'exécution d'une saine Politique voulue par la France, autant il est *absurde*, IL-LÉGITIME et *funeste*, d'attaquer et de culbuter indéfiniment des Ministères et des Gouvernements, *quand on n'a pas déterminé quel Système* doit-être installé au Pouvoir, et tant que ce Système *bien déterminé* n'a pas pour lui l'adhésion formelle du Pays.

L'absence de toute Direction, et par conséquent *d'une bonne Direction*, venant de ce qu'il n'y a *aucune Idée politique* en France et dans les Chambres, ou tout au moins de ce qu'aucune Idée politique n'y rallie encore une Majorité, il est évident que l'on ne sortira de ce *cercle vicieux et vide*, que quand l'on voudra se résoudre à provoquer des DOCTRINES au lieu de provoquer des Manœuvres d'Opposition, des Coalitions et des Révolutions. — Aussi longtemps qu'il n'y aura de *systématique* parmi nous que l'Opposition, il restera radicalement impossible que la France soit bien gouvernée.

La stérilité et la malfaisance des querelles et des agitations d'une Politique *sans idées*, commencent heureusement à frapper les esprits généreux, libres et méditatifs; il se forme visiblement et même rapidement une OPINION NOUVELLE dont voici les principaux caractères :

Cette Opinion sympathise avec tous les bons mobiles du Parti démocratique; *mais* elle en repousse énergiquement l'élément inintelligent et brutal, le caractère révolutionnaire : Elle accepte tous les bons désirs dont le Libéralisme avait inscrit les noms sur son Drapeau de Combat ; *mais* elle comprend ce que le Libéralisme n'a jamais compris, que la véritable fonction d'un Gouvernement c'est de *gouverner*, c'est-à-dire de diriger l'Activité politique et sociale sur un But assez humain pour rallier les cœurs et les volontés : Elle professe que la *Conservation* ou le respect des intérêts développés et des droits acquis est la première condition de l'existence de la Société ; *mais* elle comprend (ce que ne comprennent pas encore certains Conservateurs bornés, satisfaits, et immobilistes), que l'amélioration de l'État social est la première condition de la stabilité, que rien n'est *plus et mieux conservateur* que le *vrai Progrès*, et que l'Immobilisme provoque et légitime les Révolutions.

Sous son drapeau, à la fois conservateur et progressif, la nouvelle Opinion n'a pas encore de Système, mais elle comprend *qu'il faut en avoir un* : elle est déjà bien mieux qu'un Parti, puisqu'elle est une Idée, comme l'a dit un noble Orateur à la Tribune : enfin, elle fait de grands progrès dans le pays, et compte déjà de dignes représentants dans la Chambre.

Et puis, si l'on veut une preuve *expérimentale*, que l'Avenir lui appartient, c'est le fait suivant ; il est décisif :

Tandis que les anciens Partis vont en s'affaiblissant, et se fractionnent indéfiniment, on voit chaque jour se rallier et se donner la main, dans la Sphère plus élevée de l'Opinion nouvelle, *des hommes qui sortent des rangs du Parti légitimiste, du Juste-Milieu et du Républicanisme révolutionnaire : trois Partis, dont les données respectivement étroites, exclusives et hostiles,* eussent *éternisé la lutte sociale, puisque aucun des trois n'est capable d'attirer, de convertir et d'absorber les deux autres.*

NOTES.

Les deux premières Parties de cet écrit, comprises de la page 1 à la page 42, ont été publiées, en quatre articles différents, dans *la Phalange, journal de la Science sociale.* La première partie a paru tout entière dans ce Journal, le 1er septembre 1839, et les trois chapitres de la seconde partie ont paru successivement le 15 septembre, le 1er et le 15 octobre. L'accueil généralement fait à ces quatre articles et l'intérêt qu'y ont pris plusieurs diplomates, a déterminé l'auteur à leur donner une seconde édition sous forme de brochure, et a y joindre les développements qui composent la troisième Partie.

Il n'est pas tout-à-fait sans intérêt pour l'auteur de rappeler, comme il le fait, ces dates de première publication.

NOTE A.
(Page 48.)

LE SOUVERAIN EST IMPROPRE A CONTRACTER.

Dans notre constitution politique actuelle, le Roi n'est pas Souverain non plus que la Chambre des Députés, ni la Chambre des Pairs. Mais la *Volonté* résultant de *l'accord* de ces trois Pouvoirs est le *Pouvoir suprême*, le Souverain vivant, absolu. . . . . .

Le Souverain ne pouvant pas ne pas être Souverain, il peut tout, excepté de borner son pouvoir ; il est libre de tout, excepté d'aliéner une portion quelconque de sa liberté. Qu'il s'engage aujourd'hui, de toute sa Volonté souveraine d'aujourd'hui, à quelque chose pour demain, il ne pourra pas faire qu'il soit engagé demain ; car si demain il lui paraît bon, convenable, équitable, nécessaire, d'agir autrement qu'il avait voulu s'engager à agir, non-seulement il sera absolument *libre* d'agir autrement, mais encore il *devra* agir autrement. La Loi est essentiellement dans sa Volonté, dans sa Volonté présente, et ne saurait être ailleurs. Il est bon que sa Volonté soit éclairée, intelligente, juste, qu'elle procède de la véritable et lucide connaissance des intérêts présents et à venir de la Société, du désir consciencieux d'agir conformément à ces intérêts et à l'équité ; c'est un grand malheur quand elle est ignorante, inique, étroite ou égoïste. Mais dans tous les cas il n'est pas de la nature du Souverain de n'être pas absolu, de pouvoir être engagé ; cette faculté lui manque.

Ainsi le Souverain, sans que sa volonté elle-même y puisse rien changer, est Souverain absolu du présent ; il ne peut pas plus se courber sous la loi du passé que dicter la loi à l'avenir ; mais seulement il doit, pour être bon Souverain, tenir compte du passé et le peser dans sa sagesse, et dans sa sagesse encore penser à l'avenir et le préparer. Le droit qui émane de lui est la règle fixe pour les *citoyens* ; la loi qu'il fait les domine et commande inflexiblement à leurs actes ; elle est *absolue* pour eux parce qu'elle est l'expression de la Volonté absolue du Souverain ; mais lui Souverain, il est au-dessus du Droit qu'il fait, au-dessus de la loi qui est son Verbe, et qui doit lui obéir comme la parole obéit à la pensée et à la volonté.

Ainsi, pour le sujet, la règle, c'est la Loi qui exprime la volonté présente du Souverain. Quant au Souverain, il ne saurait prendre dans la Loi sa règle ; il ne peut la prendre qu'en lui-même, dans sa science et sa conscience, et dans l'examen du rapport réel et présent des choses présentes, entre elles, avec les choses passées et avec les choses à venir. Sa règle à lui est dans le sentiment moral de la *convenance des choses*.

Il est donc bien évident que le Souverain n'a pas la faculté de s'engager, qu'il est impropre à contracter lui-même, que tout contrat par lequel il s'engagerait serait une pure fiction et ne saurait avoir de valeur dans l'avenir que sous la réserve de sa volonté à venir, indépendante de la volonté de l'autre partie, ce qui n'est certes point le caractère d'un contrat.

Si le Souverain ne peut s'engager ni contracter, la Loi qu'il fait donne à tout ce qui est au-dessous de lui la faculté de contracter des engagements valables tant qu'il maintient la Loi, sanction de ces engagements. Les contrats sont des appels perpétuels des parties contractantes à la Volonté du Souverain exprimée par

Ja Loi, et c'est parce que cette Loi, qui est au-dessus d'eux, est la règle commune à tous, que les particuliers peuvent contracter sous cette Loi qui les lie,

Tout ce que nous venons de dire a développé la simple définition de l'Etat considéré en tant que Souverain ; et en résumé nous nous sommes efforcé de prouver une chose facile à admettre, à savoir : *que le Souverain est toujours Souverain.*

(*La Conversion c'est l'Impôt*, pag. 9 et 13,)

NOTE B,
(Page 49.)

SUR LA FIDÉLITÉ DUE AUX TRAITÉS.

Quoique la France soit le pays où la loyauté politique trouve, dans la générosité du caractère national, le plus de sympathie, ce sentiment n'est pas encore arrivé chez elle à sa pleine maturité. Dans une lutte récente, mémorable par le cynisme des ambitions et des intrigues qui en ont fait les principaux frais, on a vu des hommes qui avaient tenu le gouvernail des affaires, et que pressait un besoin immodéré d'y revenir, s'oublier et oublier la dignité et les intérêts supérieurs de la France jusqu'à développer à la tribune, en présence de l'Europe, la doctrine résumée dans ces mots : « S'il y avait des traités, il fallait en éluder l'exécution... » Et de semblables paroles (qui jamais, dans aucun pays, dans aucun cas, ne sont sorties et ne sortiront publiquement de la bouche d'un véritable homme d'Etat) avaient-elles du moins pour excuse une de ces nécessités, une de ces circonstances exceptionnelles dans lesquelles le *Salut de l'Etat* doit être la loi suprême d'un Gouvernement? Hélas! la grande cause au nom de laquelle a été commis ce déplorable scandale, c'était l'intérêt que la France, non pas *avait*, mais *aurait eu* à prolonger l'occupation d'Ancône, intérêt fort contestable en lui-même assurément, et, dans tous les cas, minime.

En supposant que l'intérêt eût été réel : dès que l'évacuation était accomplie, un patriotisme élevé exigeait que l'on prît acte du fait pour constater aux yeux de l'Europe la religieuse fidélité de la France à remplir ses engagements. Et, encore que le Gouvernement eût pu prolonger l'occupation par des moyens légitimes dont il eût été coupable de n'avoir pas fait usage, n'était-il pas possible de déverser le blâme sur sa conduite sans ajouter au mal qu'il eût fait un mal bien autrement grave : sans attenter à la dignité, à l'honneur et aux intérêts supérieurs d'un grand peuple, par la prédication impolitique, immorale, d'une doctrine

10

anti-sociale et très certainement anti-française, — doctrine que l'Angleterre peut pratiquer, mais que ses hommes d'Etat n'ont du moins ni la sottise ni l'impudeur de prêcher à la face du monde?

Mais ici rien ne coûte quand il s'agit de faire réussir des intrigues politiques; tout moyen est bon. Les provinciaux d'ailleurs, dont on a excité la colère en exploitant l'affaire d'Ancône, sont de pâte si bonne qu'ils prendront toujours les choses de ce genre au sérieux : aujourd'hui ils ignorent encore qu'il n'y avait peut-être pas dix de ces orateurs et de ces journalistes si fougueux sur la question d'Ancône, qui blâmassent un peu gravement, au fond de leur conscience, l'évacuation de cette place...

NOTE C.

(Pages 55, 59, 91.)

DE L'UNION COMMERCIALE ALLEMANDE.

L'*Union Commerciale allemande*, son origine imperceptible, ses développements rapides, ses conséquences actuelles et futures, sont dignes de la plus grande attention et du plus haut intérêt. Nous reproduisons ici, presque en entier, un article où le *Journal des Débats* a fait l'historique de cette *Union*. On remarquera, en voyant le prodigieux succès de l'idée du Roi de Wurtemberg, combien ce qui est réellement dans les voies de l'Unité est favorisé par le mouvement naturel des choses. La *pensée unitaire* du roi de Wurtemberg s'est soumise en quinze ans la Confédération Germanique, la Prusse, la Hollande, la Belgique, l'Angleterre et la France, car l'Angleterre elle-même sollicite déjà l'entrée dans l'Union, et la France, qui devrait avoir eu l'avantage et la gloire d'organiser cette association, sera bientôt obligée d'y demander une place !

On remarquera aussi comment toutes les *unités* s'enchaînent : la Confédération avait autant de poids et de mesures qu'elle comptait d'états ; eh bien ! l'*unité* commerciale n'a pas tardé à amener dans toute la Confédération l'unité de poids et de mesures ! et, grâce à la vue élevée de la Convention Nationale, qui avait voulu prendre dans la Nature la base du système métrique, afin que chaque Peuple pût l'adopter sans répugnance, ce système, accueilli par la Hollande, par la Belgique et récemment par la Saxe, va se répandre dans la Confédération tout entière qui a déjà adopté le demi-kilogramme.

L'Union commerciale allemande mérite de plus en plus de fixer l'attention des amis de l'industrie nationale. Le traité qu'elle a conclu au commencement de cette année avec la Hollande, ses efforts près de la Belgique, et la force nouvelle que viennent de lui donner les conférences de Berlin, rendent de plus en plus urgent un accord avec elle. Notre situation commerciale à l'égard des autres peuples ne permet pas le *statu quo*; elle est trop désavantageuse. Les auteurs de nos lois de douanes ont sacrifié notre agriculture, de toutes les branches de l'industrie celle qu'il fallait le plus encourager. Nous avons, par exemple, des vins d'une qualité incomparable. L'exportation de nos vins devrait être l'objet de toutes nos mesures douanières. Les vins, étant une marchandise encombrante, donneraient un puissant essor à notre marine lorsque l'exportation aurait lieu par d'autres frontières que celle de l'Est. Le nombre de nos départements vinicoles, intéressés par conséquent à ce que notre commerce des vins avec l'étranger soit florissant, est considérable. L'exportation de nos vins rencontre cependant depuis vingt-cinq ans des entraves toujours croissantes. L'abaissement de ce commerce est tel aujourd'hui, que la valeur des vins expédiés de France en Angleterre est inférieure à celle des œufs que nous fournissons aux Anglais. Ainsi, les poulaillers de la Normandie jouent, qui le croirait? un plus grand rôle dans les rapports commerciaux de la France avec la Grande-Bretagne que les celliers de Médoc joints aux caves de la Champagne et de la Bourgogne.

L'Union allemande nous offre à notre porte un marché d'au moins 25 millions de consommateurs industrieux et aisés. Le fait de leur association rend les négociations plus faciles. L'industrie manufacturière n'est pas encore arrivée chez eux à ce point que la concurrence de leurs produits puisse, comme celle de l'Angleterre, écraser nos fabriques. C'est donc la première porte à laquelle nous devions frapper.

Le point de départ de l'Union commerciale allemande est dans la pensée politique qui, lors du congrès de Vienne, créa la Confédération germanique. On voulut lui donner le ciment des intérêts matériels, et l'art. 19 de l'acte de la Constitution fédérative portait que les États fédérés se réservaient de délibérer dès la première réunion de la Diète à Francfort, sur la manière de régler les rapports de commerce et de navigation d'un État à l'autre. Cependant, jusqu'en 1824 on ne put s'entendre sur les bases de la convention commerciale à conclure. La divergence des intérêts venait toujours y mettre obstacle, et la circonspection germanique ne serait peut-être pas encore arrivée à une conclusion si nos lois de douanes, rédigées à partir de 1820, n'avaient contraint les États allemands à s'entendre pour retrouver les uns chez les autres les débouchés que nous leur retirions chez nous. Le Roi de Wurtemberg, plein de sollicitude pour le bien-être moral et matériel des populations qu'il gouverne, était venu en 1824, sous un prétexte frivole en apparence, mais dans le but réel de réclamer des modifications à nos récentes lois de douanes, qui entravaient le commerce de son royaume. Il vit M. de Villèle et n'en obtint rien. « Eh bien ! dit-il au ministre en se séparant de lui, puisque vous le voulez, nous userons de représailles. » En effet, rentré à Stuttgardt, ce prince se mit d'accord immédiatement avec le Roi de Bavière, et, le 28 juillet 1824, un premier traité d'alliance commerciale fut signé entre les gouvernements de Bavière, de Wurtemberg et des principautés de Hohenzollern-Sigmaringen et Hohenzollern-Hechingen. Ce traité fut aussitôt communiqué aux États voisins, avec l'invitation d'y adhérer. On espérait unir ainsi les États du midi et du centre de l'Allemagne, et on se préoccupait peu de ceux du nord, dont les intérêts commerciaux n'étaient pas tout-à-fait les mêmes.

Le traité du 28 juillet 1824 eut un grand retentissement dans l'Allemagne. Il causa quelque alarme dans le nord, parce qu'à Berlin on crut y voir la main rivale de l'Autriche. Dès lors, afin de fortifier son influence dans la Confédération, la Prusse redoubla l'activité de ses démarches pour une nouvelle union commerciale. Elle s'appliqua à attacher à elle les petits États allemands enclavés dans son territoire, ainsi que la Hesse-Électorale, qui, par sa position, ses habitudes, la nature de son sol et de ses produits, se rapprochait beaucoup des États prussiens. Une première convention fut signée les 9 et 17 juin 1826. Plusieurs petits États, et notamment les duchés d'Anhalt-Kœthen, Anhalt-Dessau et de Hesse-Hombourg, y donnèrent leur adhésion. De son côté, l'association bavaro-wurtembergeoise voyait grossir ses rangs. C'est ainsi qu'elle s'augmenta du royaume de Saxe, du grand-duché de Hesse-Darmstadt, des duchés de Saxe-Weimar, Saxe-Meinengen, Saxe-Cobourg, Saxe-Altenbourg, et de divers moindres États du centre de l'Allemagne.

Mais la révolution de juillet, par les bruits de guerre et de propagande révolutionnaire dont elle fut accompagnée, ajouta un nouvel élément à ceux qui figuraient dans le débat entre l'Allemagne du nord et celle du midi. Elle fit sentir à tous le besoin de l'unité. Elle donna à la Prusse un nouveau degré de prépondérance, et le 22 mars 1833 le nord et le midi, unis par la crainte de la guerre et par les souvenirs de tout ce que l'Allemagne avait souffert de 1793 à 1814, alors qu'elle était sous les pieds de toutes les armées ou qu'elle recevait la dure loi de Napoléon et de ses lieutenants, signèrent l'acte qui constitua l'Union commerciale actuelle dont la Prusse est l'âme.

Aujourd'hui l'Union allemande comprend la majorité des États de la Confédération germanique. L'Autriche est restée en dehors et n'en a envisagé le progrès que de mauvais œil, parce qu'elle y voit, non sans raison, l'extension de l'influence prussienne qui range ainsi sous son protectorat les plus importants des États secondaires d'Allemagne, y compris même ceux que la configuration du sol et la communauté des croyances semblaient devoir plus étroitement lier aux destinées de l'empire autrichien. L'Union allemande des douanes, telle qu'elle existe maintenant, c'est la continuation sous la forme la plus heureuse, puisqu'elle est la plus harmonique à l'esprit de la civilisation moderne, de la politique habile qui a converti l'électorat de Brandebourg en une des grandes Puissances de l'Europe et qui a commencé par la Silésie pour s'agrandir ensuite de la Pologne et des provinces du Rhin. Le Hanovre reste également étranger à l'Union, parce qu'il est habitué aux marchandises anglaises et à voir les siennes accueillies par l'Angleterre. Il en est de même de Brunswick dont les souverains ont des liens étroits de parenté avec la maison régnante d'Angleterre. Les duchés de Holstein et des deux Mecklembourg, qui touchent à la mer, qui n'ont pas de manufactures et qui ont intérêt à recevoir les produits de bonne qualité et à bas prix des fabriques anglaises, ont refusé d'adhérer à l'Union allemande et paraissent devoir persister dans ce refus. De même les trois villes anséatiques de Brême, Hambourg et Lubeck, qui ne peuvent se passer de la liberté commerciale la plus étendue et qui savent bien qu'elles sont les intermédiaires obligés d'une grande partie du commerce allemand avec les pays d'outre-mer, sont et demeureront, autant qu'il leur sera possible, en dehors de l'association. A part ces États et indépendamment du Luxembourg, pour lequel l'incorporation à la Hollande crée une position exceptionnelle, tout le reste de la Confédération germanique, comprenant plus de vingt-cinq millions d'âmes est entrée dans l'Union et s'est ainsi placé sous l'aile de la Prusse.

Le tarif de l'association est pour un grand nombre d'objets

médiocrement élevé. Généralement, il ménage les matières premières pour frapper exclusivement les produits fabriqués.

Dans certains cas des mesures exceptionnelles autorisent quelques États à imposer chez eux des taxes additionnelles sur divers objets, tel que le sel, les jeux de cartes, les tabacs et les boissons; mais on travaille à établir sous ce rapport un régime uniforme.

Le produit des droits d'entrée, des droits de sortie qui sont presque nuls, et des droits de transit sont versés dans une caisse commune et répartis entre les états proportionnellement à leur population après prélèvement de certains frais généraux de surveillance. Des commissaires se réunissent annuellement pour arrêter les instructions à donner à tous les agents des douanes de l'Union.

Chacun des États, en vertu de l'article 31 de la loi du 22 mars 1833, a la faculté d'établir un contrôleur aux bureaux principaux de douanes dans les autres Etats. Ces contrôleurs veillent à l'observation de la loi commune. Bien plus, l'article 32 est ainsi conçu: «Chacun des Etats contractants a le droit d'envoyer aux « directions des douanes des autres Etats associés des fonction- « naires chargés de prendre une connaissance complète de *toutes* « les affaires administratives qui ont rapport à la communauté « établie par la présente convention. » Il est résulté de là que toutes les frontières des Etats confédérés ont été soumises à la surveillance d'officiers des douanes prussiennes. En cela la Prusse use d'un droit naturel. Il est tout simple qu'étant la plus intéressée au maintien et à l'exécution des règlements établis par l'Union, elle ait désiré ce droit d'inspection, et qu'elle l'exerce avec vigilance. Il n'y a même pas lieu à se récrier contre l'article 32, qui soumet de fait à son contrôle la plupart des actes d'administration intérieure des autres États, et même leurs actes extérieurs en ce qui concerne les intérêts matériels. Du moment où l'Union se constituait sérieusement, l'intervention des confédérés dans les affaires les uns des autres était forcée. Tout ce qu'on pouvait équitablement exiger, c'était que le droit d'intervention fût réciproque, et il l'est; mais il n'en est pas moins vrai que la réciprocité ne devait être qu'un vain mot; que la Prusse, qui est hors de pair dans l'Union, devait bientôt pratiquer seule ce contrôle, et que les autres Etats subissent de sa part une surveillance directe de tous les instants qui jusqu'à présent n'a eu aucun caractère vexatoire, mais, qui tend, par la force des choses à concentrer les intérêts des divers confédérés dans le cercle des intérêts de toute nature de la puissance prépondérante.

Ainsi la Prusse s'achemine vers un ordre de choses où elle représentera et résumera en elle une grande partie de l'Allemagne. Ainsi s'accomplissent les destins que lui a ouverts le génie du grand Frédéric. Mais elle s'élève, il faut le reconnaître, sans que personne puisse incriminer la loyauté de ses actes; elle éprouve ce qui arrive aux nations qui sont dans un mouvement ascendant. La Providence semble la mener par la main, et ce sont les intérêts des autres qui développent sa propre prospérité et font sa grandeur; car si la Prusse a acquis par l'Union un degré inespéré d'importance politique, il faut convenir que c'est pour l'Allemagne un bienfait immense que d'être délivré des ruineuses entraves que son morcellement suscitait au commerce avant l'Union. Tout Prince étant seul souverain sur son territoire, avait son système de finances, d'impôt et de monopoles. Là, telle industrie était frappée de prohibition ou soumise à des conditions qui n'existaient pas dix lieues plus loin. Ici, telle marchandise était frappée d'un droit de consommation dont on était affranchi à trois lieues à la ronde. Ailleurs on exigeait pour l'exercice d'une profession industrielle des formalités ou des preuves d'aptitude que les États voisins repoussaient. En un mot, antérieurement à l'Union, dans l'Allemagne découpée comme un échiquier, traversée en tous sens par des lignes de douanes et soumise à mille lois contradictoires, le commerce et l'industrie étaient impossibles. L'organisation de l'Union est une révolution complète, révolution dont les amis de la civilisation doivent s'applaudir, quoiqu'elle ait complètement bouleversé, au profit de la Prusse, l'équilibre allemand qu'avait voulu établir le Congrès de Vienne.

Chaque jour les liens de l'Union se resserrent. Une convention conclue le 30 juillet 1838 entre tous les gouvernements confédérés a réglé les bases d'un système monétaire commun à tous les États de l'Union; et comme c'est la Prusse qui remplit dans l'Union le rôle de caissier général, il y a lieu de penser que l'un des effets de cette convention sera de donner cours partout au papier-monnaie prussien. Dans les dernières conférences de Berlin, on a adopté un système unitaire de poids et mesures (1). Toutes ces dispositions fortifient la Prusse; cependant, sous quelques rapports, elle paie assez cher les avantages qu'elle retire de l'Union. Ses manufactures soutiennent, non sans quelque peine, la concurrence de celles de la Saxe, où l'industrie est rapidement parvenue à une perfection remarquable. Sous le rapport des revenus publics elle paraît éprouver des pertes assez considérables. La répartition du fonds commun produit par les droits de douane a procuré à quelques États des recettes hors

(1) L'unité de poids adoptée par l'Union est le demi-kilogramme français.

de proportion avec celles qu'ils recueillaient autrefois, mais c'est au détriment du trésor prussien.

Telle est aujourd'hui l'Union commerciale allemande ; elle vient de se lier avec la Hollande par un traité signé à Berlin le 21 janvier 1839, traité dont notre commerce aura à souffrir. Elle travaille à se rattacher par des traités semblables la Suisse et la Belgique.

NOTE D.
(Page 59.)

TRIUMVIRAT CONTINENTAL, OU PAIX PERPÉTUELLE SOUS TRENTE ANS.

(Article publié en 1804, dans le *Bulletin de Lyon.*)

Les grands évènements qui ont signalé la fin du dix-huitième siècle ne sont que des bagatelles en comparaison de ceux qui se préparent. L'Europe touche à une catastrophe qui causera une guerre épouvantable et qui se terminera par la Paix perpétuelle.

A ce mot l'on se rappelle la vision de l'abbé de Saint-Pierre ; mais il ne s'agit pas ici d'un plan de pacification, il s'agit d'une crise forcée par les circonstances.

Le genre humain passera d'abord à une paix temporaire et générale, par l'effet du Triumvirat continental. Il ne reste sur le continent que quatre puissances marquantes, France, Russie, Autriche et Prusse. La plus faible des quatre, la Prusse, peut être conquise et démembrée, selon l'usage établi depuis un demi-siècle, de se réunir pour écraser le plus faible. La Prusse, malgré sa belle armée, n'est qu'un état paralytique. Ouverte de toutes parts, elle sera partagée par ceux des trois autres qui voudront se liguer pour l'envahir. Elle prévoit le choc qui la menace, elle n'ose rien entreprendre. En vain grossit-elle ses armées, la pauvre Prusse ne peut pas tenir une campagne contre deux des trois Puissances liguées.

Si l'une des trois grandes Puissances, comme la France, se trouve embarrassée par une révolution ou autre incident, les deux autres se ligueront et attaqueront la Prusse, qui sera anéantie par une seule bataille perdue. Dès lors l'Europe sera réduite au Triumvirat France, Autriche, Russie.

On sait quelle est l'issue de tout Triumvirat, une dupe et deux rivaux qui se déchirent. Il est bien probable que l'Autriche jouera le rôle de Lépidus. Elle se trouve resserrée entre deux prétendants. La France et la Russie partageront l'Autriche, et disputeront sur son cadavre l'empire du globe. Ainsi pour donner au globe la paix générale, il faut former le Triumvirat par l'anéantissement de la Prusse; dix ans après il ne restera qu'un seul maître (1).

Je compte pour rien l'Angleterre dans cette lutte. Celui qui commandera à l'Europe enverra une armée prendre possession de l'Inde, fermera aux Anglais les ports d'Asie et d'Europe; il fera incendier toute ville qui recevrait les produits anglais, même indirectement; alors cette puissance purement mercantile sera anéantie sans coup férir.

Le souverain de l'Europe imposera tribut au globe entier, et établira la paix *temporaire* sur la terre. Il reste à savoir par quels moyens il pourra perpétuer cette paix. Avant de les expliquer j'observe que les Philosophes, gens qui ont la vue courte, n'ont pas encore entrevu le principe de la paix *temporaire*. Ce principe est la formation du Triumvirat, d'où résulte le choc ultérieur et l'Unité du Continent. Quel est l'empire barbare qui résisterait au maître de l'Europe ? Serait-ce la Chine que 8,000 Russes ont fait trembler, et que lord Clive se flattait de conquérir avec 20,000 Anglais ? Lorsque les Romains et Charlemagne ont possédé l'Europe, ils ne pouvaient réunir le globe, parce qu'ils n'avaient pas comme nous la tactique et l'art de la navigation, devant lesquels tout empire barbare n'est qu'un Pygmée.

Tout occupés de calculs mercantiles, nos savants ne s'aperçoivent pas que la Civilisation marche à ce dénouement, au Triumvirat, et qu'il faudra bientôt débattre le sceptre de l'Europe. Que serviront alors les îles à sucre ? qui aura le plus de colonies sera le plus confus; tout sera la proie du Triumvir victorieux; et la France, au lieu de s'exténuer dans ses luttes coloniales et mercantiles, devra prendre ses mesures pour pouvoir tenir le dé dans le Triumvirat, dont la formation est prochaine et inévitable. Mais si la France

(1) Le lecteur remarquera que tout ceci était dit en 1804, c'est-à-dire avant les batailles d'Austerlitz et d'Iéna.

s'arrête plus longtemps aux chimères commerciales, elle sera jouée par la Russie, qui ne tardera pas trente ans à réaliser la prédiction de Montesquieu.

Je n'ignore pas combien les esprits sont prévenus en faveur de la France, et combien ses triomphes récents lui inspirent de sécurité. Mais ceux qui voient un peu plus loin ne se laisseront pas éblouir par cet éclat. Je pourrai démontrer dans d'autres articles que si le Triumvirat se formait dans la conjoncture actuelle, la France serait perdue; la Russie pourrait, après la chute de l'Autriche, occuper toutes ces régions situées en arrière de l'Elbe et de l'Adriatique, et armer contre la France deux millions de soldats rassemblés dans l'Europe et l'Asie.

Voilà le coup de partie qui menace l'Occident. Et vous, publicistes, qui ne prévoyez pas cette crise, n'êtes-vous pas des enfants à renvoyer à l'école? Combien d'autres évènements se préparent et dont vous n'avez rien prévu! Votre crédit touche à sa fin. Vous siégez dans les académies à côté des hommes qui enseignent la Vérité, à côté des physiciens et géomètres; préparez-vous à rentrer dans le néant. La Vérité que vous cherchez depuis deux mille cinq cents ans va paraître pour votre confusion; les sciences politiques et morales ont plus duré qu'elles ne dureront.

À peine le magnifique article que l'on vient de lire eût-il paru, que Bonaparte, alors premier Consul, envoya à M. Dubois, commissaire général de la Police à Lyon, l'ordre de lui donner des informations sur l'auteur. L'imprimeur du journal fut mandé chez M. Dubois à cette occasion. L'imprimeur s'appelait *Ballanche*, l'auteur s'appelait *Fourier* (Voyez *la Phalange*, no du 1er janvier 1838).

Quatre ans après la publication de cet article, parut la *Théorie des quatre Mouvements*, où Fourier écrivait les lignes suivantes, dont l'écrit que je présente aujourd'hui n'est, en quelque sorte, qu'une seconde édition.

Après la bataille d'Iéna et les journées suivantes qui consommèrent la ruine des Prussiens, il ne restait en Europe que trois grandes Puissances, la France, la Russie et l'Autriche. L'Autriche

pouvait proposer à la France une ligue pour l'entreprise de l'Unité, et stipuler pour les princes et amis de sa maison un lot de
cent millions de sujets ; ces deux puissances réunies auraient déterminé facilement la Russie à coopérer avec elles.

Jamais instant n'avait été plus favorable pour cette opération ;
il est probable que l'Autriche, toute engouée de vieilles idées
de balance et d'équilibre, n'a pas même entrevu la carrière magnifique qui s'ouvrait devant elle.

Comme l'accord de ces deux Puissances eût entraîné l'adhésion
du Continent entier, l'on aurait procédé sous la direction du
Monarque français à l'exécution du plan. En conséquence on aurait fait marcher des forces suffisantes pour occuper les régions
du Caucase et de l'Imaüs, et faire assembler sur l'Oxus toutes les
hordes d'Asie ; puis on aurait intimé aux souverains d'Asie les
volontés de la Civilisation confédérée, avec menace de changer la
dynastie et déposer les fonctionnaires de tout Empire qui eût fait
mine de résistance. Après quoi l'on aurait organisé pour les divers princes d'Europe une centaine de royaumes fédéraux, et l'on
aurait assigné un rang et un sort convenable aux grands de ces
régions et qui n'ont besoin que de leur sérail et de leurs pipes, et
qui, toujours placés sous le couteau, seraient fort heureux d'avoir une existence fixe dans un Ordre plus stable que la Barbarie.

Au lieu de spéculer sur cette bienfaisante opération de l'Unité,
les Souverains s'acharnent à se disputer quelques coins de terre,
quand le Globe leur offre de vastes Empires à partager, pour le
bien même des peuples qui les habitent. Ce rétrécissement de
vues dans les politiques européens est dû à l'influence de la Philosophie ; en déclamant contre l'esprit de conquête, elle détourne le genre humain de la seule voie de bien-être qui soit compatible avec l'Ordre civilisé. Peut-il exister pendant la durée de la
Civilisation de repos sur le globe avant qu'une *conquête générale*
ait rallié tous les peuples à un Gouvernement central?

Mais quoi de plus homicide que cette modération que l'on conseille aux Souverains, et qui ne tend qu'à éterniser les guerres,
puisqu'il survient périodiquement des princes ambitieux qui
chercheraient à envahir, tant qu'il n'existerait pas sur la terre
une Puissance supérieure et garante du repos général?

En résumé : depuis que l'Art nautique nous fournit les moyens
de parcourir le globe, il n'est pas de passion plus salutaire qu'une
ambition démesurée de conquête ; car si l'un des Monarques arrive seulement à la conquête des deux tiers de l'Europe, il peut
forcer l'autre tiers à se ranger sous sa bannière, et effectuer à
l'instant la ligue fédérale du globe et la pacification universelle.

Dans le même sens on conçoit que nos théories de modération

qui conseillent à chaque prince de se contenter du lot que le hasard lui a fait, sont des théories de *carnage perpétuel*, ne tendent qu'à éterniser les guerres, puisqu'elles ne donnent aux Empires aucune garantie contre les irruptions des voisins qui peuvent impunément se jouer des traités.

L'entreprise de l'Unité fédérale fut manquée en 1806 par l'apathie de l'Autriche ; elle s'offre plus brillante aujourd'hui aux Empereurs unis de France et de Russie. Je ne sais à présent lequel des deux Monarques doit se flatter d'avoir maîtrisé la fortune ; fit-elle jamais pour un mortel plus qu'elle fait aujourd'hui pour Alexandre, à qui elle offre les moyens de s'approprier et partager le fruit des travaux de Napoléon, en s'associant à lui dans la magnifique entreprise de l'Unité fédérale du Globe?

(1808. *Théorie des Quatre Mouvements.*)

C'est Fourier qui a signalé Constantinople comme le lieu de la Capitale de l'Unité future. Voici comment il s'exprime à ce sujet : *Fausse Industrie*, tome II, page L 8.

La création donne sur chaque Globe un *Foyer ou siège* central du Gouvernement unitaire. Notre foyer est Constantinople, local favorisé de toutes les perfections :

Embouchure d'un immense et superbe fleuve SALÉ, qui comporte les plus grands vaisseaux, et qui, sortant d'une autre mer, ne forme ni alluvions ni deltas.

1. Port gigantesque, aussi commode que magnifique.

2. Petit fleuve d'eaux douces, très pures, placées au sommet du port et suffisant aux besoins.

3. Remous de curage, contournant, balayant le port, et enlevant le superflu des eaux douces.

4. Posé à demi centre du grand Continent, et en abordage maritime du petit Continent.

5. Local à portée des produits de toutes zones.

6. Croisée de toutes communications par terre et par mer.

7. Beauté suprême en sites accidentés, en points de vue locaux et lointains.

Climat le plus propice et le plus gracieux après la correction de température par la culture générale, et la transformation des vents nuisibles de la mer Noire, causés par l'état inculte de l'Orient et du Nord.

Pourvu de tant d'avantages, ce local sera choisi pour Capitale du globle.

Note E.
(Page 100.)

SUR LA NÉCESSITÉ D'UN BUT SOCIAL.

L'homme étant un Être destiné à la Société, doué de facultés actives, et appelé par sa nature même à les exercer et les développer, il faut évidemment que la Société fournisse un But général à l'activité des individus, faute de quoi toutes ces activités éparses, non ralliées, luttent entre elles et ne produisent que conflits et anarchie. Cela est confirmé par l'histoire de toutes les Sociétés. La Société romaine, par exemple, organisée en guerre, a été vivante et compacte tant que la conquête a été le but de l'activité de ses citoyens. La guerre était même le grand moyen politique du gouvernement de Rome. Quand, au sein de la paix, la division commençait à éclater, le sénat déclarait la guerre; il rétablissait ainsi la convergence et la compacité intérieures, en ralliant les activités individuelles sous le drapeau de la Patrie et en les appliquant à la conquête extérieure. Quand Rome eut conquis tout ce que ses bras lui permirent d'embrasser, la conquête devenant impossible, la Société cessa d'offrir un but général à l'activité des esprits; les jeux et les grands spectacles, vains simulacres de l'esprit ancien, ne trompèrent qu'un instant la soif du Peuple-Roi : le colosse tomba.

L'histoire moderne, celle de notre Révolution et de l'Empire, celle de l'esprit du xviiie siècle, qui est venu se rompre sur la victoire de Juillet, nous fourniraient des révélations analogues.

Ainsi, en principe, pour qu'une Société soit compacte et vive d'une vie propre, il faut qu'elle fournisse un but général à l'activité des esprits, qu'elle fasse converger les rayons à un centre commun. — Ce principe, qui est la condition d'existence, non pas seulement de toute Société, mais encore de tout Parti, de toute agrégation, de toute corporation, ce principe n'est pas neuf; chacun l'a dit et compris, et je ne pense pas que personne aujourd'hui soit disposé à le nier.

Mais ce n'est pas tout, que la Société fournisse un but à l'activité humaine. La société romaine, qui avait la conquête pour objet, et qui opérait sur ce but le ralliement de ses parties, a bien pu tirer de ce fait, vie, compacité, puissance. Elle avait bien par là une condition d'existence; mais c'était une condition *subversive*, au point de vue humanitaire, puisque cette condition était la *guerre* dirigée contre les autres fractions de l'Humanité avec lesquelles elle était en contact par ses frontières.

De même, dans l'ordre intellectuel, l'idée philosophique du xviii° siècle, qui était le renversement de la puissance féodale et de la compression exercée sur la Raison par la tyrannie de la Foi, a bien pu être une condition de vie, de compacité et de puissance pour le parti philosophique ou libéral ; mais c'était encore là une condition *subversive*, puisqu'elle avait pour objet une lutte, un renversement ; et c'était si bien là l'objet de cette idée que, quand elle est venue se traduire dans le domaine des faits, elle a produit des luttes et des renversements dont aucun de nous, je pense, ne niera la violente réalité.

Il résulte de là, en bonne, en saine et rigoureuse logique, si on se place, non pas au point de vue de la vie exclusive d'une nation, d'une vie particulière, hostile au développement des autres branches de l'humanité, et, par conséquent, anti-sociale, mais au point de vue d'une politique large et humanitaire, il résulte de là, dis-je, que l'on doit considérer non-seulement *la nécessité* d'un But social, mais encore *la nature* de ce But. Et la conséquence naturelle et facile qui vient se placer ici d'elle-même pour conclusion, c'est que le But qu'il s'agit de proposer aujourd'hui à l'activité humaine, pour réaliser la condition de vie de la Société française (en localisant ainsi la question), ne doit plus être un objet qui implique l'*hostilité* de cette nation avec les nations extérieures, mais qui, au contraire, comporte et entraîne l'*harmonie* de cette partie de l'humanité avec les autres parties.

En d'autres termes, l'objet qui doit être la condition de vie de la Société française, le point de ralliement des intérêts et des forces de cette Société, doit être *harmonique* avec les intérêts généraux de l'Humanité.

(1836, *Débâcle de la Politique en France.*)

NOTE F,
(Page 136.)

SUR LA RÉACTION DE SEPTEMBRE 1835.

Oui, sans doute, il faut que force reste à la loi quand on attaque la loi à main armée ; mais, nous le répèterons dix mille fois s'il est nécessaire, il faut s'occuper aussi à calmer les douleurs qui disposent des malheureux à se laisser entraîner à l'attaque à main armée. C'est de cette façon qu'on légitime la Résistance à la révolte, qu'on se dispense même d'avoir recours à la force pour maintenir l'ordre.

Voyez donc un peu les errements de ce Parti : après des luttes incontestablement courageuses de part et d'autre, l'émeute était partout vaincue et dispersée ; la République était écrasée, bafouée par les uns, exécrée par les autres ; l'élément révolutionnaire succombait, non pas tant sous les coups de ses ennemis que sous ceux de ses propres folies ; la surexcitation dévergondée de ses journaux n'était parvenue qu'à conduire ses hommes de cœur, ses nobles caractères énergiques et dévoués, à la misérable mort de la rue, ou à les entasser dans les prisons. Leurs grands préparatifs n'avaient abouti qu'à rassembler leurs rhéteurs de tous les points de la France en un grand sanhédrin pour venir manifester, en une occasion solennelle (1), la vanité et la dissidence intestine des hommes et des idées, leur impuissance absolue, leur nullité politique parfaite, traduites au dehors par de grossières injures personnelles adressées à des juges qui pouvaient traiter en juges les accusés, et qui les traitaient avec bonté, et par des amplifications à l'antique, d'un genre qui fait rire aujourd'hui les écoliers de rhétorique d'un collége communal.

La République en était arrivée à ce point que toutes ses forces (on avait fait appel au ban, à l'arrière-ban, et à tout ce que l'on avait pu trouver par derrière l'arrière-ban), que toutes ses forces réunies et concentrées dans l'acte le plus imposant en lui-même qui se pût concevoir, n'avaient pas pu lutter d'intérêt, un jour seulement, contre un procès fait à un mauvais sujet....

Eh bien ! c'est alors que cette pauvre République n'était plus qu'un fardeau bien lourd sur les épaules de ses amis, et que la majorité soupirait du désir de s'en débarrasser ; c'est alors que les partisans de l'Ordre, profitant d'un crime qui produisit au grand jour l'horreur de la France pour les partis factieux, se mirent en devoir de nous escamoter à tous des libertés qui étaient notre propriété, et pour la conquête desquelles ils marchaient eux-mêmes en tête de colonne il y a cinq ans !

Comment ! vous n'avez pas compris, vous qui vous étiez mis courageusement en travers du mouvement révolutionnaire, et qui aviez ainsi donné des garanties au principe de l'Ordre politique, vous n'avez pas compris qu'il était aussi de votre tâche, de votre devoir et de l'intérêt même de votre principe, de vous poser modérateurs du flot inintelligent et colère d'une réaction bourgeoise contre la Liberté politique ! Vous n'avez pas senti ce que vous aurait donné de solidité, de puissance, de vraie valeur gouvernementale, un acte qui eût révélé en vous l'existence de l'intelligence supérieure dominant tous les excès, de cette intel-

---

(1) Le procès d'avril,

ligence calme qui plane sur les choses et les régit de haut, qui commande à tous le respect, qui assure l'action des lois, qui est enfin le seul signe et le seul caractère acceptables aujourd'hui pour signes et caractères de LÉGITIMITÉ d'un Pouvoir, l'indispensable condition de durée pour un gouvernement? — On gouverne bien, non pas quand on sait comprimer les activités hostiles, mais quand on sait s'emparer de toute l'activité et *la diriger sur un But utile à la Nation et à la Société.*

La France s'unissait dans un grand cri de *vive le roi!* ce cri était une révélation politique d'autant plus sûre et plus puissante, qu'elle racinait, non pas tant dans un sentiment d'affection qui peut être éventé le lendemain, que dans le sentiment du danger personnel que chacun avait couru avec la France par le danger du Roi; on s'était vu séparé, de trois secondes, d'un abîme difficile à sonder, d'un avenir effrayant. Ce Fieschi avait réellement soudé le Roi à la France; il avait bien autrement fait pour lui, d'un coup, que le ministère n'avait pu faire en cinq ans; il s'était chargé, ce Fieschi, par un procédé nouveau, de SACRER le Roi des Français.

Certainement, si nous autres qui croyons en Dieu nous voulions employer ici le langage de certains écrivains politiques, qui n'y croient peut-être guère, nous pourrions bien, comme eux faire intervenir aussi la Providence dans la phrase, et dire que c'était elle qui avait mitonné l'attentat Fieschi, que c'était pour faire signer aux partis usés et las un traité de paix sur vingt cadavres, déterminer la fusion, et engrener enfin le mouvement des améliorations positives et des discussions intelligentes, à la place des oiseuses et sanglantes querelles de la Politique.

Quoi qu'il en soit, si, — comme l'a pensé le *Journal des Débats,* — la Providence a été pour quelque chose dans cette malheureuse affaire, elle a bien perdu son temps et sa poudre. Si elle avait décidé de tuer vingt personnes aussi misérablement, il fallait au moins qu'elle élargît un peu le cerveau de certaines gens pour les prédisposer à entrer dans la voie si belle qu'elle leur offrait; mieux valait n'assassiner personne que de laisser l'exploitation de la catastrophe à des gens assez peu habiles pour ne savoir être, en pareils cas et conjectures, que des roués ou des dupes....

(1836. *Débâcle de la Politique en France.*)

FIN DES NOTES.

www.ingramcontent.com/pod-product-compliance
Lightning Source LLC
Chambersburg PA
CBHW052344090426

42739CB00011B/2314